教育部人文社科研究青年基金项目：中国高校人文社科科研效率评价及影响因素研究（13YJCZH064）的研究成果

高等学校人文社科科研效率评价相关问题研究

——以教育部直属高校为例

姜彤彤 著

中国社会科学出版社

图书在版编目（CIP）数据

高等学校人文社科科研效率评价相关问题研究：以教育部直属高校为例／姜彤彤著 . —北京：中国社会科学出版社，2016.1

ISBN 978 - 7 - 5161 - 7145 - 5

Ⅰ.①高…　Ⅱ.①姜…　Ⅲ.①高等学校—人文科学—科研管理—研究—中国②高等学校—社会科学—科研管理—研究—中国　Ⅳ.①G644

中国版本图书馆 CIP 数据核字（2015）第 283384 号

出 版 人	赵剑英	
选题策划	刘　艳	
责任编辑	刘　艳	
责任校对	陈　晨	
责任印制	戴　宽	

出　　版	中国社会科学出版社	
社　　址	北京鼓楼西大街甲 158 号	
邮　　编	100720	
网　　址	http://www.csspw.cn	
发 行 部	010 - 84083685	
门 市 部	010 - 84029450	
经　　销	新华书店及其他书店	

印　　刷	北京金瀑印刷有限责任公司	
装　　订	廊坊市广阳区广增装订厂	
版　　次	2016 年 1 月第 1 版	
印　　次	2016 年 1 月第 1 次印刷	

开　　本	710×1000　1/16	
印　　张	11.75	
插　　页	2	
字　　数	215 千字	
定　　价	48.00 元	

目　录

第一章 引言

第一节 研究背景

从时任国家主席胡锦涛于 2006 年 1 月在全国科技大会上宣布中国要在 2020 年建成创新型国家，到 2014 年 6 月习近平总书记在中国科学院第十七次院士大会、中国工程院第十二次院士大会开幕会上强调坚定不移地走创新、创新再创新之路，加快我国创新型国家建设速度，接近 9 年的时间里，我国创新型国家建设战略在有条不紊地稳步推进。一直以来，自然科学研究得到了社会各界包括政府部门、高等院校、科研机构的高度重视，研究经费和人员投入巨大、研究产出丰富而多样。相较之下，社会科学研究的地位较低，没有得到足够的重视。在创新型国家建设背景下，需要自然科学和人文社科领域的共同努力。

一 人文社会科学/哲学社会科学繁荣计划相继出台

近年来，推动和促进我国人文社会科学/哲学社会科学不断繁荣发展的重要文件相继出台。

2010 年 7 月，中共中央和国务院发布《国家中长期教育改革和发展规划纲要（2010—2020 年）》，其中高等教育部分提到，大力开展自然科学、技术科学、哲学社会科学研究。同时提出培育跨学科、跨领域的科研与教学相结合的团队，并且深入实施高校哲学社会科学繁荣计划①。

---

① 中华人民共和国教育部，http://www.moe.edu.cn/publicfiles/business/htmlfiles/moe/moe_838/201008/93704.html。

2011 年 10 月召开的中国共产党第十七届六中全会上，审议通过了有关深化文化体制改革、推动社会主义文化大发展大繁荣的决定①。

2011 年底，《教育部关于深入推进高等学校哲学社会科学繁荣发展的意见》提出：到 2020 年，基本建成高等学校哲学社会科学创新体系。并提到要完善以创新和质量为导向的科研评价机制②。同年，教育部、财政部印发《高等学校哲学社会科学繁荣计划（2011—2020 年）》（简称"繁荣计划"）。其中提到：深入实施"繁荣计划"，大力提升人才培养、科学研究、社会服务、文化传承创新的能力和水平，全面提高高等教育质量，积极推进高等学校哲学社会科学创新体系建设③。

"繁荣计划"系列文件印发之后，全国各地的地方政府、高等学校纷纷行动起来，制定自身的相关文件，全面推进我国人文社会科学/哲学社会科学的繁荣发展，如表 1—1 所示。

表 1—1　　高等学校、地方政府制定人文社会科学/哲学社会科学繁荣计划④

时间	具体内容
2012 年 6 月	北京外国语大学发布《北京外国语大学哲学社会科学繁荣计划（2011—2020 年）》
2012 年 6 月	中南大学启动哲学社会科学繁荣发展计划，实施"七大"举措，全面推进哲学社会科学建设与发展
2012 年 6 月	湖南大学启动《湖南大学人文社会科学中长期发展规划（2011—2026 年）》，加快推动哲学社会科学大繁荣大发展
2012 年 8 月	吉林大学制定、颁发《繁荣发展哲学社会科学行动计划（2011—2020）》
2012 年 8 月	江西省教育厅制定并印发《江西高校哲学社会科学繁荣计划（2011—2020 年）》
2012 年 9 月	西北大学出台《哲学社会科学繁荣发展计划（2012—2020 年）》
2012 年 9 月	南京大学制定了《南京大学哲学社会科学繁荣计划（2012—2022）》，科学规划学校哲学社会科学未来 10 年的发展道路
2012 年 11 月	南京财经大学下发并实施《南京财经大学哲学社会科学繁荣计划（2012—2020）》

① 中华人民共和国中央人民政府，http：//www. gov. cn/jrzg/2011-10/25/content_1978 202. htm。
② 中华人民共和国中央人民政府，http：//www. gov. cn/jrzg/2011-11/13/content_1992063. htm。
③ 中华人民共和国教育部，http：//www. moe. edu. cn/publicfiles/business/htmlfiles/moe/A13_ zcwj/201111/126304. html。
④ 中国高校人文社会科学信息网，http：//www. sinoss. net/。

时间	具体内容
2012 年 11 月	宁波大学颁发《宁波大学繁荣哲学社会科学实施意见》
2012 年 12 月	厦门大学发布《厦门大学哲学社会科学繁荣计划（2011—2021 年)》
2012 年 12 月	陕西省制定颁布《陕西高等学校哲学社会科学繁荣计划（2012—2020 年)》
2013 年 2 月	常州市发布《进一步繁荣发展哲学社会科学的意见》
2013 年 3 月	西安交通大学出台《中共西安交通大学委员会关于繁荣发展人文社会科学的实施意见》
2013 年 3 月	陕西师范大学召开进一步繁荣发展哲学社会科学工作会议并下发《陕西师范大学繁荣发展哲学社会科学行动计划（2013—2020 年)》
2013 年 5 月	安徽省教育厅、省财政厅在联合发布的《安徽省高等教育振兴计划》中明确提出加大哲学社会科学繁荣计划的实施力度，建设一批经济社会发展急需的"智库"
2013 年 11 月	湖北省教育厅、财政厅制定并发布《湖北省普通高等学校哲学社会科学繁荣计划（2013—2020 年)》
2013 年 12 月	山东师范大学出台《山东师范大学哲学社会科学繁荣发展行动计划（2013—2020 年)》，进一步明确未来学校哲学社会科学发展的指导思想、总体目标，并具体实施"七项重点建设内容"

除此之外，还有数量众多的地方政府和高等学校召开工作会议并制定相应政策，我国哲学社会科学/人文社会科学研究得到空前的重视和良好的发展机遇。在这样的背景下，人文社科研究评价得到了广泛关注。

二 协同创新要求通过多学科、多领域协作，探索建立文化传承创新的新模式

作为一种复杂的创新组织方式，协同创新概念最初由美国研究员彼得·葛洛提出，主要指有共同目标的人组成网络小组，通过互相交流思想、知识、信息、技术及工作环境实现理想的目标愿景。该概念主要强调突破创新主体间的壁垒，通过各主体创新要素的融合而实现深度合作。

国内协同创新一词的正式提出，是最近几年的事情，并在很短的时间内迅速成为热门词汇和社会焦点。2011 年 4 月，胡锦涛同志在清华大学建校百年大会上的讲话中提到：积极推动协同创新，鼓励高校同科研机构、

企业开展深度合作，建立协同创新的战略联盟①。为响应和落实讲话精神，高等学校创新能力提升计划（简称"2011 计划"）应运而生。该计划是继"985 工程"、"211 工程"之后，我国高等教育领域的又一国家工程。该项目旨在形成人才、学科、科研三位一体的创新系统，其实施对高等学校大力提升创新能力、促进内涵集约式发展、提高教育质量和水平，具有重要的划时代意义。

一般提到协同创新，大部分人都认为主要是自然科学研究领域的协同创新。但"2011 计划"中明确规定，协同创新分为面向科学前沿、文化传承、行业产业和区域发展四种类型②。其中，面向文化传承创新的协同创新，指以人文社会科学/哲学社会科学为主体并整合学科和人才优势，通过高校与其他相关单位如科研院所、地方政府、企业组织、金融机构以及有影响力的学术组织的交流、结盟或联合，构建多学科、多领域交叉研究平台，探索建立文化传承创新的新模式，最终实现国家文化软实力提升和中华文化国际影响力的增强。此后，国家级和省市级别的协同创新中心如雨后春笋般涌现。

协同创新中心和传统的"985 工程"、"211 工程"不同，原来的高校发展模式整体上还是单打独斗式的，虽然科研合作一直存在但主要是学者和学者之间、项目组和项目组之间的联合。当今时代，世界各国都面临一系列重大问题，协同创新要求高校和高校之间实现跨一级学科和研究机构的深度交流与合作，这种深度协作已成为创新型国家建设的必然选择。协同创新打破了传统科研组织之间的壁垒，反映出人文社会科学在高度分化基础上实现横向联合发展的趋势。

比如，第一批认定的中国南海研究协同创新中心，该组织以国家整体利益和战略需求为导向，以实现南海权益最大化、持续化为目标③。南海主要指南中国海，紧紧依靠我国南部的陆地，并被周围几个国家和地区的岛屿所围绕。作为与主权息息相关的区域，南海问题一直是世界关注的焦点，因为海洋对一个民族的盛衰荣辱有着至关重要的作用。作为

---

① 中华人民共和国中央人民政府，http：//www. gov. cn/ldhd/2011－04/24/content_1851436. htm。

② 新华网，http：//news. xinhuanet. com/edu/2012－05/08/c_123094483. htm。

③ 中国南海研究协同创新中心网站，http：//nanhai. nju. edu. cn/text. asp? keys＝27。

一个涉及范围很广、时间久远的国家性甚至世界性问题，一个单独的高校或研究机构、几十个零散的科研人员无法完全驾驭南海问题的研究，无益于相关问题的解决。

在这样的背景下，面向文化传承的协同创新中心在全国各地遍地开花，各级各类社科项目和研究中心得到大量资助，众多的科研人员全身心投入到相关研究中去。可以说，我国高校人文社会科学研究得到较为充足的资金、人员投入和重视，迎来了新中国成立以来的最好机遇和最佳时段。但与之相对应的是，高水平科研成果的产出并非完全同步。为此，高校人文社科科研效率问题日益凸显，社会各界都很关注大量的科研资源投入能否带来持续、稳定、高质量的产出和增长。为回答上述问题，本书在国内外相关研究基础上，运用数据包络分析（DEA）和曼奎斯特（Malmquist）指数分析方法，以教育部直属高校为例，基于《全国高校社科统计资料汇编》和相关网站提供的数据，对近年来高校人文社科科研静态效率和动态效率（全要素生产率）及其变动趋势和规律进行测算和研究，并分析不同类型、不同区域、不同年份高校科研效率和生产率差异，应用 Tobit 方法探索影响效率的长期环境因素，设计改进高校科研管理、提高人文社科科研效率的路径和对策。

第二节　问题提出和研究意义

一　问题提出

图 1—1 所示为以 2001 年为基期的高等学校（整体）人文社科研发活动投入产出变动幅度。具体计算时，以某年的指标数值除以 2001 年的数据然后换算成百分数，可理解为 2001 年是 100%，其他年份在此基础上为百分之多少，并非增加百分之多少。研发经费指高校人文社科研发活动获得的各种经费来源，包括科研事业费、科研基建费、国家社科基金项目经费、其他中央部门社科专项经费、省市自治区社科项目经费等。研发人员指专门从事人文社科研发活动的相关工作人员，不包括专任教师。显而易见，变动幅度最大的是每年的研发经费投入总量。

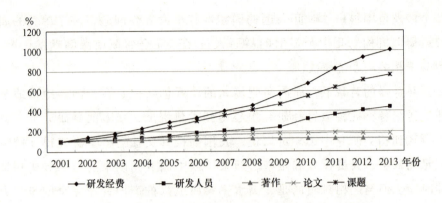

图 1—1　2001 年为基期的高等学校（整体）人文社科研
发活动投入产出变动幅度①

2013 年的人文社科研发经费投入数是 2001 年的 10 倍还多，足见国家教育部、各级各类政府、高等学校管理部门等对人文社科研究的重视程度。2013 年的研发人员是 2001 年的 4 倍多，基本上每年都有 10% 或者以上的增长幅度，但受制于高校人员的聘任制度，变动并不剧烈。三种科研产出中，课题数的增长幅度超过学术论文和社科著作。2013 年的课题数增长为基期的 7 倍多，但学术论文发表总数和社科著作出版数增长缓慢，远远不如社科经费和人员的投入增长幅度大。这大致可以说明，我国高校整体上的人文社科研发活动投入没有得到非常同步的产出。

　　图 1—2 所示为以 2004 年为基期的教育部直属高校人文社科研发活动投入产出变动幅度，具体含义和图 1—1 相同。科研投入中，研发经费当年内部支出指各种渠道来源的人文社科研发经费中当年实际使用的数量；研发人员折合全时人员指参与人文社科研发活动的全时人员和非全时人员按照工作时间折算后的结果。这两个指标反映了人文社科研究直接的经费和人员投入。而社科活动人员不只包括高等学校中专门进行社科研究的专职人员，还包括广大的专任教师。所以图 1—2 中第一个指标不如第二、三个指标与人文社科科研投入更为相关。这两个指标都增长十分迅速，2013 年分别增长为基期的 287% 和 547%。这说明教育部直属高校

①　数据来源：全国高校社科统计资料汇编：2001—2013，根据原始数据整理绘制而成。

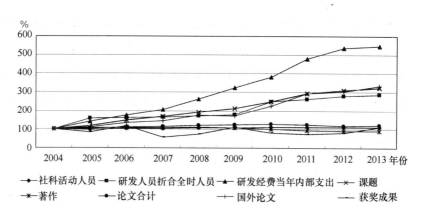

图1—2　2004年为基期的教育部直属高校人文社科研发
活动投入产出变动幅度①

2004—2013年人文社科研究投入在持续、迅猛增加。

科研产出中，论文总数和获奖成果的增长都非常缓慢，2013年分别增长为基期的120%和113%，接近10年的时间总量几乎没有太大变化。获奖成果增长缓慢的原因可解释为省部级以上奖项的总量控制较为严格。社科著作出版数甚至出现了一定幅度的减少，这与很多高校重视高水平论文相对弱化专著的地位有关。而国外论文发表数和课题数增长较快，2013年分别增长到基期的335%和325%。这说明，教育部直属高校作为我国高等学校的中流砥柱，人文社科论文的发表逐渐出现了数量增长较慢但外文期刊论文增多的趋势，可以合理理解为更加注重论文的质量而非数量。课题总数的增长与各级各类社科课题批准总数的增加和教育部直属高校重视申报人文社科相关课题都有一定关系。

从上述数据综合看出，我国高校整体和教育部直属高校人文社科研究的投入产出规模已有长足进展、增长迅速，但产出与投入的综合对比并不乐观。因此，研究高等学校人文社科科研效率正当其时。

二　研究意义

（一）对相关研究者

近年来，越来越多的科研人员将目光投向了高校科研效率评价。根

---

① 数据来源：全国高校社科统计资料汇编：2004—2013，根据原始数据整理绘制而成。

据中国知网学术搜索的结果，截止到 2015 年 7 月 12 日，篇名中包含科研效率的有 185 条，包含人文社科科研效率的却只有 40 余条，其中真正进行人文社科科研效率评价实证研究的更为少见，不超过 10 篇。本书的内容为相关研究者提供了很多借鉴，具有重要的理论价值和意义。包括：完善高校科研效率评价理论体系；筛选高校人文社科科研效率投入产出指标；分析高校人文社科科研效率环境影响因素并进行实证验证；设计提升人文社科科研效率的路径和对策。

（二）对高等教育主管部门

教育部关于进一步改进高等学校哲学社会科学研究评价的意见中提到，进一步改进哲学社会科学研究评价，促进高等学校哲学社会科学健康发展。在具体进行评价时，切实强化评价的质量意识，大力推进优秀成果和代表作评价[①]。由此可见，对各级高等教育主管部门来说，科学评价人文社会科学/哲学社会科学研究活动十分重要，他们需要对比下属高校人文社科科研活动的特点和效率，利用评价结果制定相应管理和奖励政策，由此指导高等学校的科研活动，促进我国人文社科研究的良性循环和繁荣发展。

（三）对高等学校本身

高等学校的基本功能包括教学、科研和社会服务。当今时代，高校之间的竞争基本上是科学研究的竞争，特别对教育部直属高校而言，科研的重要性不言而喻。通过本书的相关研究，可帮助教育部直属高校科学评价自身人文社科科研效率、全要素生产率及变动趋势、环境影响因素及程度，有助于各地高校清楚了解自身人文社科科研效率高低和存在的问题，为政府主管部门和高校改进科研管理、提升科研水平提供决策依据，最终促进高校/区域/国家人文社科创新水平提升及经济发展，具有重要的应用价值。这种方法具有一定的普遍适用性，可在教育部直属高校之外的学校中加以推广和应用。

---

① 中华人民共和国教育部，http：//www. moe. edu. cn/publicfiles/business/htmlfiles/moe/A13_zcwj/201111/126301. html。

（四）对其他利益相关者

高等学校其他利益相关者包括内部教职员工和潜在的求职者、用人单位、学生及其亲友、毕业校友、社会大众、社区、其他相关高校等。这些人对高校的关注点和需要的信息不同，因而对高校科研活动和科研效率的关注度也不同。比如，学生家长、亲友、孩子本身在高考结束后，会结合不同高校科研规模和效率情况选择学校和专业，特别是那些成绩较好希望将来在科研上有所发展的同学；潜在的求职者会根据高校人文社科科研效率情况审视和评价自己的工作意向，最终做出正确的适合自己的选择；其他同层次或者同专业领域的高校会关注相关高校的科研发展情况，对比自己的劣势和不足之处，戒骄戒躁，谋求长远发展。

第三节　相关文献综述

人文社科即人文和社会科学，包括文学、历史、哲学、艺术、教育、宗教、美学、伦理学、经济学等学科。按照科学的分类，可将科学研究分为自然科学研究和社会科学（人文社会科学）研究。科研效率是一定时期内科学研究活动产出与投入之间的综合对比。经典效率评价方法有数据包络分析（Data Envelopment Analysis，DEA）和随机前沿分析（Stochastic Frontier Analysis，SFA）。因 SFA 方法适合多投入单产出问题，难以适用于多投入多产出的科研效率评价，因此大量研究人员采用 DEA 和在其基础上的 Malmquist 指数方法评价高校科研效率和全要素生产率。

1. 国外相关研究。20 世纪 90 年代以来，英国、美国、澳大利亚等国的学者进行了一系列尝试，试图找到高等学校科研效率和全要素生产率的规律和趋势，但比较集中于少量研究人员，研究方法较为单一。比斯利（Beasley）[1]、阿萨纳索普洛斯（Athanassopoulos）和谢尔（Shale）[2]、约翰

---

[1] Beasley J E, "Determining Teaching and Research Efficiencies", *The Journal of the Operational Research Society*, Vol. 46, No. 4, 1995.

[2] Athanassopoulos A D, Shale E, "Assessing the Comparative Efficiency of Higher Education Institutions in the UK by Means of Data Envelopment Analysis", *Education Economics*, Vol. 5, No. 2, 1997.

（John）和唐纳德（Donald）[①]、吴（Ng）和李（Li）[②]、洛佩斯（Lopes）和蓝瑟（Lanzer）[③]、阿博特（Abbott）和杜克里亚奥斯（Doucouliagos）[④]、冯（Feng）等[⑤]、琼斯（Johnes）[⑥]、琼斯和于（Yu）[⑦]、吴和李[⑧]、柯（Kuah）和王（Wong）[⑨]、西尼泽（Sunitha）和杜若斯米（Duraisamy）[⑩]、琼斯[⑪]等均采用 DEA 方法对英国、中国、美国、澳大利亚、印度等地大学/院系/高等教育机构/学区等的整体效率或者科研效率进行测算、评价和分析；科索尔（Kosor）[⑫] 研究了经济效率在高等教育领域中的应用，并分析相关概念、方法和它们的发展前景；尼格茨（Nigsch）和谢克儿－维克（Schenker-Wicki）[⑬] 对过去 20—30 年间前沿效率分析方法的优点、局限性及其在高等教育中的应用进行了综述、评价和展望。

---

① John R，Donald F V，"Assessing the Efficiency of Public Schools Using Data Envelopment Analysis and Frontier Regression"，*Contemporary Economic Policy*，Vol. 17，No. 3，1999.

② Ng Y C，Li S K，"Measuring the Research Performance of Chinese Higher Education Institutions：An Application of Data Envelopment Analysis"，*Education Economics*，Vol. 8，No. 2，2000.

③ Lopes A L M，Lanzer E A，"Data Envelopment Analysis – DEA and Fuzzy Sets to Assess the Performance of Academic Departments：A Case Study at Federal University of Santa Catarina"，*Pesquisa Operacional*，Vol. 22，No. 2，2002.

④ Abbott M，Doucouliagos C，"The Efficiency of Australian Universities：A Data Envelopment Analysis"，*Economics of Education Review*，Vol. 22，No. 1，2003.

⑤ Feng Y J，Lu H，Bi K，"An AHP/DEA Method for Measurement of the Efficiency of R&D Management Activities in Universities"，*International Transactions in Operational Research*，Vol. 11，No. 2，2004.

⑥ Johnes J，"DEA and its Application to the Measurement of Efficiency in Higher Education"，*Economics of Education Review*，Vol. 25，No. 3，2006.

⑦ Johnes J，Yu L，"Measuring the Research Performance of Chinese Higher Education Institutions Using Data Envelopment Analysis"，*China Economic Review*，Vol. 19，No. 4，2008.

⑧ Ng Y C，Li S K，"Efficiency and Productivity Growth in Chinese Universities During the Post-reform Period"，*China Economic Review*，Vol. 20，No. 2，2009.

⑨ Kuah C T，Wong K Y，"Efficiency Assessment of Universities Through Data Envelopment Analysis"，*Procedia Computer Science*，Vol. 3，2011.

⑩ Sunitha S，Duraisamy M，"Measuring Efficiency of Technical Education Institutions in Kerala Using Data Envelopment Analysis"，*Human Capital and Development*，Springer India，2013.

⑪ Johnes J，"Efficiency and Mergers in English Higher Education 1996/97 to 2008/09：Parametric and Non-Parametric Estimation of the Multi-Input Multi-Output Distance Function"，*Manchester School*，Vol. 82，No. 4，2014.

⑫ Kosor M M，"Efficiency Measurement in Higher Education：Concepts，Methods and Perspective"，*Procedia-Social and Behavioral Sciences*，Vol. 106，2013.

⑬ Nigsch S，Schenker – Wicki A，"Frontier Efficiency Analysis in Higher Education"，*Incentives and Performance*，Part II，Springer International Publishing，2015.

阿博特和杜克里亚奥斯[①]、佛雷格（Flegg）等[②]、沃辛顿（Worthington）和李（Lee）[③]、费尔南多（Fernando）和克班达（Cabanda）[④]、琼斯[⑤]等基于 Malmquist 指数对大学/院系/学科的全要素生产率进行测算分析，并分析生产率变动的原因、方向和趋势，提出相应建议。泽纳思莱斯（Thanassoulis）等[⑥]将数据包络分析法（DEA）应用于英国高等教育机构，评估其成本结构、效率和生产率；让海民（Rahimian）和索洛坦尼佛（Soltanifar）[⑦]采用数据包络分析和 Malmquist 指数方法对伊朗各民办高校的相对效率、全要素生产率进行实证研究。

但极少有专门针对人文社科科研效率和全要素生产率的探索，只有琼斯和琼斯[⑧][⑨]测算了英国大学经济系的相对研究效率；沃宁（Warning）[⑩]对德国不同政策大学的教学/科研、自然科学/人文社科科研效率分别进行了评价和分析；科克（Kocher）[⑪]等对属于 OECD 的 21 个国家

① Abbott M, Doucouliagos C, "Total Factor Productivity and Efficiency in Australian Colleges of Advanced Education", *Journal of Educational Administration*, Vol. 39, No. 4, 2001.

② Flegg A T, Allen D O, Field K, et al, "Measuring the Efficiency of British Universities: A Multiperiod Data Envelopment Analysis", *Education Economics*, Vol. 12, No. 3, 2004.

③ Worthington A C, Lee B L, "Efficiency, Technology and Productivity Change in Australian Universities, 1998 – 2003", *Economics of Education Review*, Vol. 27, No. 3, 2008.

④ Fernando B I S, Cabanda E C, "Measuring Efficiency and Productive Performance of Colleges at the University of Santo Tomas: A Nonparametric Approach", *International Transactions in Operational Research*, Vol. 14, No. 3, 2007.

⑤ Johnes J, "Efficiency and Productivity Change in the English Higher Education Sector from 1996/97 to 2004/5", *Manchester School*, Vol. 76, No. 6, 2008.

⑥ Thanassoulis E, Kortelainen M, Johnes G, et al, "Costs and Efficiency of Higher Education Institutions in England: A DEA Analysis", *Journal of the Operational Research Society*, Vol. 62, 2011.

⑦ Rahimian M, Soltanifar M, "An Application of DEA based Malmquist Productivity Index in University Performance Analysis", *Management Science Letters*, Vol. 3, No. 1, 2013.

⑧ Johnes G, Johnes J, "Measuring the Research Performance of UK Economics Departments: An Application of Data Envelopment Analysis", *Oxford Economic Papers*, Vol. 45, No. 2, 1993.

⑨ Johnes J, Johnes G, "Research Funding and Performance in UK University Departments of Economics: A Frontier Analysis", *Economics of Education Review*, Vol. 14, No. 3, 1995.

⑩ Warning S, "Performance Differences in German Higher Education: Empirical Analysis of Strategic Groups", *Review of Industrial Organization*, Vol. 24, No. 4, 2004.

⑪ Kocher M G, Luptacik M, Sutter M, "Measuring Productivity of Research in Economics: A Cross-country Study Using DEA", *Socio-Economic Planning Sciences*, Vol. 40, No. 4, 2006.

经济学科研效率进行测算和对比；吴和李^①对中国高等教育机构人文社会科学研究绩效进行评价和区域差异分析，并提出了建议。

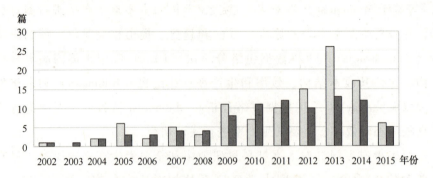

图 1—3   中国知网科研效率评价相关文献数量及变动趋势

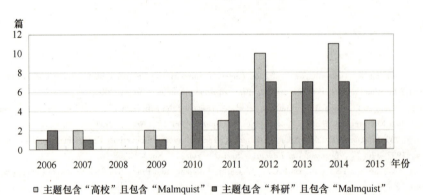

图 1—4   中国知网科研全要素生产率评价相关文献数量及变动趋势

2. 国内相关研究。20 世纪以来，随着我国高等教育事业的蓬勃发展，大量国内学者开始关注高校科研管理、科研效率和全要素生产率评价问题。图 1—3 和图 1—4 是截止到 2015 年 7 月 12 日中国知网对相关文献的检索结果。可以看出，高校科研效率评价相关文章多于科研全要素生产率评价，前者基本是后者数量的 2 倍左右。变动趋势上，两类文章

① Ng Y C, Li S K, "Efficiency and Productivity Growth in Chinese Universities During the Post-reform Period", *China Economic Review*, Vol. 20, No. 2, 2009.

的数量都逐渐增多，个别年份存在波动，但整体趋势是十分明显的，说明这一主题的研究目前仍然是科技评价和科研管理领域的重要议题。

科研效率方面的评价具体包括：关忠诚和张炎[①]、王晓红等[②]、侯启聘[③]、田东平和苗玉凤[④]、陆根书和刘蕾[⑤]、段永瑞和霍佳震[⑥]、孙世敏等[⑦]、王亚雄等[⑧]、戚湧等[⑨]、徐娟[⑩]、李清彬和任子雄[⑪]、王冬梅[⑫]、姜彤彤[⑬]、袁卫等[⑭]、陈丽莉[⑮]、陆根书等[⑯]、罗杭和郭珍[⑰]、梁文艳等[⑱]、

---

① 关忠诚、张炎：《科研组织相对效率评价定量方法研究》，《中国管理科学》2003 年第 5 期。

② 王晓红、王雪峰、翟爱梅等：《一种基于 DEA 和多指标综合评价的大学科研绩效评价方法》，《中国软科学》2004 年第 8 期。

③ 侯启聘：《基于 DEA 的研究型高校科研绩效评价应用研究》，《研究与发展管理》2005 年第 1 期。

④ 田东平、苗玉凤：《基于 DEA 的我国高校科研效率评价》，《理工高教研究》2005 年第 4 期。

⑤ 陆根书、刘蕾：《不同地区教育部直属高校科研效率比较研究》，《复旦教育论坛》2006 年第 2 期。

⑥ 段永瑞、霍佳震：《基于数据包络分析的高校科研绩效评价》，《上海交通大学学报》2007 年第 7 期。

⑦ 孙世敏、项华录、兰博：《基于 DEA 的我国地区高校科研投入产出效率分析》，《科学学与科学技术管理》2007 年第 7 期。

⑧ 王亚雄、王红悦、李洋波：《高校教育资源配置效率的实证分析》，《财经理论与实践》2007 年第 2 期。

⑨ 戚湧、李千目、王艳：《一种基于 DEA 的高校科研绩效评价方法》，《科学学与科学技术管理》2008 年第 12 期。

⑩ 徐娟：《我国各省高校科研投入产出相对效率评价研究——基于数据包络分析方法》，《清华大学教育研究》2009 年第 2 期。

⑪ 李清彬、任子雄：《中国省际高校科研效率的经验研究：2002—2006——基于 DEA 模型的效率分析》，《山西财经大学学报》（高等教育版）2009 年第 1 期。

⑫ 王冬梅：《基于 PCA - BCC 的某高校基金科研效率评价》，《科研管理》2011 年第 4 期。

⑬ 姜彤彤：《基于 DEA 方法的高校科研效率评价研究》，《高教发展与评估》2011 年第 6 期；姜彤彤：《"985" 高校科研效率测算及区域差异对比》，《高等工程教育研究》2014 年第 4 期。

⑭ 袁卫、李沐雨、荣耀华：《2011 年教育部直属 72 所高校办学效率研究——基于 DEA 模型》，《中国高教研究》2013 年第 11 期。

⑮ 陈丽莉：《基于 DEA 的农林类高校科研效率评价研究》，硕士学位论文，福建农林大学，2013 年。

⑯ 陆根书、赵颖、刘蕾等：《教育部直属高校科研投入产出效率及其发展趋势分析》，《大学教育科学》2013 年第 1 期。

⑰ 罗杭、郭珍：《2012 年中国 "985" 大学效率评价——基于 DEA - Tobit 模型的教学—科研效率评价与结构—环境影响分析》，《高等教育研究》2014 年第 12 期。

⑱ 梁文艳、袁玉芝、胡咏梅：《研究型大学自然科学学科科研生产效率测算及影响因素分析——基于 DEA - Tobit 两阶段模型》，《国家教育行政学院学报》2014 年第 10 期。

李晓静等[①]、刘兴凯和左小娟[②]，这些文献采用 DEA 基本模型或者超效率模型/三阶段模型、DEA – Tobit 方法、主成分分析结合 DEA 方法等对省际高等学校、高等学校本身/院系/学科、经费或基金使用等进行科研效率测算和评价，分别得出自己的结论并提出对策建议。胡咏梅等[③]系统梳理了效率和生产率分析的理论方法及其在高校科研评价实践中的应用，以期为未来的研究提供方法论和研究设计方面的参考。

而国内高等学校科研生产率的研究相对较少。胡咏梅和梁文艳[④]、梁文艳和彭静[⑤]、毕雪阳和孙庆文[⑥]、郭峻和熊世权[⑦]、冯光娣等[⑧]、赵晓阳和刘金兰[⑨]、李明和童柳康[⑩]等采用基于 DEA 的 Malmquist 指数方法对不同省份高校、"985 工程" 或 "211 工程" 或教育部直属高校为研究对象测度其科研全要素生产率。李清贤等[⑪]基于教育部直属高校 2007—2011 年数据，采用 Malmquist 指数法对高校教师科技创新效率展开了动态分析。但上述文献均以自然科学研究数据作为基础，只有陆根书和刘蕾[⑫]、韩海彬和李全

① 李晓静、王冰、谢佳颖：《DEA – CCR 模型在高校科研经费使用效率评价中的应用研究》，《教育科学》2015 年第 2 期。

② 刘兴凯、左小娟：《我国高校科研效率的区域性特征及影响因素分析——基于三阶段 DEA 方法的实证研究》，《国家教育行政学院学报》2015 年第 5 期。

③ 胡咏梅、段鹏阳、梁文艳：《效率和生产率方法在高校科研评价中的应用》，《北京大学教育评论》2012 年第 3 期。

④ 胡咏梅、梁文艳：《高校合并前后科研生产率动态变化的 Malmquist 指数分析》，《清华大学教育研究》2007 年第 1 期。

⑤ 梁文艳、彭静：《高校扩招后工科院校研究生培养效率的评价》，《广东工业大学学报》（社会科学版）2009 年第 1 期。

⑥ 毕雪阳、孙庆文：《高校教育成本投入动态效率的 Malmquist 生产率指数分析》，《烟台大学学报》（自然科学与工程版）2010 年第 4 期。

⑦ 郭峻、熊世权：《中国 31 个省市高校科研绩效实证评价》，《情报杂志》2010 年第 9 期。

⑧ 冯光娣、陈佩佩、田金方：《基于 DEA – Malmquist 方法的中国高校科研效率分析——来自 30 个省际面板数据的经验研究》，《现代财经》2012 年第 9 期。

⑨ 赵晓阳、刘金兰：《基于 DEA 和 Malmquist 指数的 985 高校科研投入产出效率评价研究》，《电子科技大学学报》（社科版）2013 年第 3 期。

⑩ 李明、童柳康：《全国高等学校科研动态效率研究》，《福州大学学报》（哲学社会科学版）2014 年第 4 期。

⑪ 李清贤、曲绍卫、齐书宇：《教育部直属高校教师科技创新效率研究——基于 2007~2011 年 Malmquist 指数法的动态分析》，《高等工程教育研究》2014 年第 3 期。

⑫ 陆根书、刘蕾：《高校人文社会科学之研究效率及趋势》，《开放教育研究》2006 年第 1 期。

生①、廖文秋等②、王灵芝③、梁文艳和唐一鹏④、姜彤彤⑤⑥、胡咏梅和范文凤⑦在小范围内测算了省际高校/高校本身/院系或学科人文社科科研全要素生产率。

综合上述所有相关研究，主要存在如下问题：（1）注重高校整体或者自然科学科研效率评价，极少关注人文社科研究活动，且相关研究涉及时间短、范围窄。（2）基于 DEA 的效率测算通常只涉及一年数据，无法反映连续若干年每一年的静态效率变动规律；缺少不同类型、不同区域高校人文社科科研效率及生产率情况对比。（3）对影响高校人文社科科研效率的环境影响因素从未涉及，实际上基于 DEA - Tobit 方法分析效率影响因素较为成熟。（4）缺乏将科研静态效率和动态全要素生产率相结合的提升对策研究。本书的研究可帮助解决上述问题，具有一定的创新性。随着各高校人文社科繁荣计划的实施，探索其人文社科科研效率正当其时。教育部直属高校作为我国高校的典型代表，以其作为研究对象既可以获取可靠的数据来源，又可以为教育部相关部门制定决策提供有效依据。

需要说明的是，本节只是概述了基于 DEA、Malmquist 指数方法的高校科研效率/全要素生产率评价国内外相关文献，这些文献的具体内容特别是设计的投入产出指标体系对效率评价结果至关重要。本书主体内容写作过程中会参考上述文献选择、设计的指标及其含义，并将分析过程写在相关章节中，此处不再赘述。

---

① 韩海彬、李全生：《基于 AHP/DEA 的高校人文社会科学科研效率评价研究》，《高教发展与评估》2010 年第 2 期。

② 廖文秋、梁樑、宋马林：《基于 Malmquist 指数的高校科研效率的实证分析》，《系统工程》2011 年第 7 期。

③ 王灵芝：《中国高校人文社科研究的绩效评价》，《软科学》2012 年第 4 期。

④ 梁文艳、唐一鹏：《高校人文社科科研生产效率区域比较研究——基于 Malmquist 指数的动态评估》，《重庆高教研究》2014 年第 2 期。

⑤ 姜彤彤：《高校人文社科研究全要素生产率评价及分析》，《研究与发展管理》2013 年第 5 期。

⑥ 姜彤彤：《我国各省高校人文社科科研效率评价及区域差异研究》，《科技管理研究》2014 年第 15 期。

⑦ 胡咏梅、范文凤：《"211 工程"高校科研生产效率评估：基于 DEA 方法的经验研究》，《重庆高教研究》2014 年第 3 期。

第四节　研究目标和研究内容

一　本书的研究目标

（1）借鉴国内外相关研究成果并考虑社会科学和自然科学的巨大差异，建立人文社科科研效率评价投入产出指标体系。此指标体系同时注重科研成果的质量和数量。

（2）通过近9年每年度静态效率的测算，探索教育部直属高校人文社科科研效率的规律。考察我国不同区域教育部直属高校科研效率是否存在显著差异，同时研究高校类型是否对其科研效率带来影响，比如综合类高校人文社科科研效率是否高于语言类、财经类等高校，有没有规律性。

（3）计算我国教育部直属高校人文社科研究全要素生产率，并将其分解为技术进步率和技术效率，分析高校人文社科研究生产率增长的主要动因、源泉和程度。通过对比不同年份/区域/类型高校及高校之间科研生产率的差异和变动特点，找到科研生产率的变动规律及趋势。

（4）高校人文社科科研活动是否能够保持长期的高产出和增长，需要找到影响其效率值的内外影响因素。通过实证测算，分析相关因素对效率值影响的方向和程度。

（5）结合实证测算结果和分析结论，根据高校人文社科研究"效率——全要素生产率"评价结果进行分类，设计提升路径和对策建议，并在一定范围内具体实施。

二　本书的研究内容

（一）高校人文社科科研效率评价基本理论体系研究

首先在第二章、第三章和第四章中对概念进行界定，包括高等学校、教育部直属高校、人文社科、效率、全要素生产率、科研效率、效率评价方法等；然后对我国高等学校及其发展历程、"985工程"/"211工程"/教育部直属高校及协同创新中心的发展、我国教育部直属高校及其科研规模等进行综述和总结；最后对高等学校科学研究活动及其分类、自然科学研究和人文社科研究、全国高校自然科学研究/人文社科研究投入产出总量及其内部构成和趋势分析、教育部直属高校人文社科科研总量规模及变动趋势等进行描述、总结和分析，并结合我国的现实情况进行探讨。

（二）基于 DEA 的高校人文社科科研效率评价及分析

一直以来，人类的生产生活都在追求"最小的投入获得最大的产出"，高校科学研究作为典型的多投入、多产出系统，其效率评价对有效分配高等教育科研资源至关重要。本书第五章首先总结和筛选教育部直属高校人文社科科研活动投入、产出指标，选择产出指标时特别重视科研成果的质量和数量；其次把 9 年间每年度的截面数据输入 DEA 模型进行测算，将每年独立测算结果汇总后对比分析，包括哪些高校连续若干年都处于生产前沿面，哪些高校人文社科科研效率一直较为低下等；最后计算 9 年间每所高校科研效率的平均值，并进行区域差异和类型差异对比。为了探讨高校人文社科研究效率的影响因素，以计算出的科研效率值为因变量，影响因素作为自变量建立回归模型，并由解释变量系数大小判断环境因素对效率值的影响方向与程度。由于效率值是有限制的、有删失的数据，因此适合用 Tobit 回归模型来分析高校人文社科科研效率的长期影响因素。

（三）基于 Malmquist 指数的高校人文社科研究全要素生产率评价及分析

数据包络分析是静态效率的评价，只能处理同一个时间/年度的截面数据，不能对比不同年份高等学校的科研效率及其差异。而 Malmquist 生产率指数很容易做到这一点，这种方法本来就是处理跨期数据的。通过对高等学校多年的科研活动投入产出进行处理，可测算和对比不同时期生产效率的变化，并分解为技术效率、技术进步率的乘积，其中技术效率还可分解为纯技术效率和规模效率。本书第六章运用 Malmquist 指数方法，考察 9 年间教育部直属高校人文社科研究全要素生产率的变动趋势，对比不同年份/区域/类型高校及高校之间科研生产率的变动特点和趋势，并通过指数的分解，分析我国教育部直属高校人文社科研究生产率增长的内在动力——主要是由技术进步、纯技术效率还是规模效率的变动推动的。参考前面的实证分析结论，根据高校人文社科研究"效率——全要素生产率"评价结果进行分类,分析教育部直属高校人文社科科研活动的类别及特点。

（四）结论及提升高校人文社科科研效率的对策建议

本书第七章中,从高校人文社科研究的投入产出以及环境影响因素等多个方面提出提升我国高校科研效率的对策建议。主要包括人才的引进与培养、科研经费的多渠道筹集、科研管理流程优化、科研成果的奖励机制、国内外科研人员的合作与交流等。

第五节　研究思路和方法

一　本书的研究思路

本书的研究思路如图1—5所示。

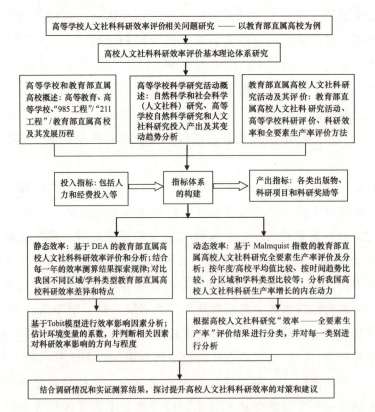

图1—5　本书的研究思路

二　本书的研究方法

（一）第一章、第二章、第三章和第四章

通过理论研究法和文献研究法对高校人文社科科研效率评价相关理论和高等学校、高等教育、"985 工程"、"211 工程"、教育部直属高校发展历程和变动趋势进行查找、综述和总结，对自然科学研究和社会科学研究的概念及内涵进行探讨。通过实地调研法和文献研究法获得相关资料，包括高校人文社科研究及其评价现状、效率测算方法或模型在高等教育领域的应用等；全面了解国内外现有文献中，高校人文社科研究投入产出变量选择及实证测算结果。通过统计分析法对高等学校、教育部直属高校科研活动投入产出情况进行描述性统计和分析。

其中，理论研究法是在一定的目的和计划指导下系统、科学、有序地搜集研究对象现实或历史状态相关材料的方法。文献研究法是通过对相关文献进行查阅、分析、搜集、整理，从而形成对客观事实科学认识的方法。实地调研法是人文社科研究中经常使用的基本方法，它通过谈话交流、发放问卷、个案调查、心理测试等科学方式，对社会经济现象进行有计划、有目的、周到、全面、细致、系统的了解，并通过对搜集到的大量资料进行分类、甄别、分析、比较、归纳和综合，发现和找到规律性的知识。统计分析法是指运用各种各样的统计方法与技术，结合与统计分析对象有关的知识，从定量/定性相结合的角度进行的研究和分析活动。

（二）第五章和第六章

1. 进行实证研究之前需要通过文献研究法取得数据，具体来源是《全国高校社科统计资料汇编》《教育部直属高校基本情况统计资料汇编》和相关网站等。

2. 统计分析法。对模型输入数据需要进行统计描述，包括最大值、最小值、均值、标准差等；效率和生产率测算结果对比分析时，须计算技术效率、技术进步率、全要素生产率的均值等指标；还有各种各样的图形、表格的设计和绘制，都属于统计分析方法。

3. DEA 和基于 DEA 的 Malmquist 指数分析法，两者都是非参数线性规划方法，适用于多投入多产出决策单元的效率和生产率评价。

4. Tobit 模型是典型的计量经济学模型，常常与 DEA 相关方法结合起来使用，分析环境因素对效率的影响。

5. 实证研究法试图超越或排斥价值判断，只揭示客观现象的内在构成因素及因素间的普遍联系。第五章至第六章都要用到实证研究法来验证模型设定的合理性和广泛适用性。

6. 比较分析法是对两个或多个相关的可比数据进行对比，揭示差异和矛盾的一种方法。本部分对实证研究的结果通过比较分析法进行全方位的解释和对比，比如对不同省域/区域/类型高校人文社科研究效率和生产率进行横向和纵向对比。

（三）第七章

采用理论分析法和文献研究法对教育部直属高校人文社科科研效率情况进行总结、分析和展望，并提出有针对性的对策建议。此部分还用到比较分析法。

第六节　小结

总之，在我国人文社会科学/哲学社会科学繁荣计划相继出台和探索建立文化传承创新的新模式背景下，以高等学校人文社科科研效率作为研究对象，具有重要的理论价值和实践意义。本章对高校人文社科科研效率评价相关文献进行系统性综述，在此基础上分析界定研究目标、研究内容和研究技术路线与方法，为本书的整体框架奠定基础。

第二章　高等学校和教育部直属高校概述

百年大计，教育为本。在 1999 年之后高等学校扩招浪潮的推动下，我国高等教育整体得到了突飞猛进的发展。2014 年 9 月，教育部发言人称我国高等教育规模已经位居世界第一，毛入学率达到了 34.5%[①]。目前，这一数字还在不断的更新和上升当中。教育部直属高校一直是我国高等学校的中流砥柱，对培养高水平创新型人才起到了至关重要的作用。本章对高等学校和教育部直属高校相关情况进行概述和总结，包括其发展过程、目前现状和情况对比。

第一节　我国高等教育、高等学校及其发展历程

一　我国高等教育及其发展

（一）大学本专科教育及其发展

1949 年新中国成立之时，我国高等教育中本专科招生总规模很小，当年的高等学校毕业生人数仅有 2.1 万余人。1952 年，教育部决定在全国实行高等学校统一招生考试，当年共录取大学新生 6.6 万人。从 1952 年至 1965 年，我国高等教育招生规模缓慢增加，逐渐增长到 16.4 万人，年均增加不到 8000 人。当时的高等教育毛入学率也大大低于 5%。遗憾的是，因为"文化大革命"的影响，我国高等学校在 1966—1969 年停止招生，1970—1976 年通过"群众推荐，领导批准，学校复审"的办法招

---

① 新华网，http://news.xinhuanet.com/edu/2014 - 09/04/c_1112358690.htm。

收工农兵大学生，广大知识青年都缺少继续学习的途径。

1977 年 10 月，经国务院批准正式恢复高考制度。当年招生人数大约为 27 万人，录取率为 4.8%。1977—1998 年，我国的高校招生规模逐渐扩大，直至 1998 年的 108 万人，每年平均增加接近 4 万人。而到了 20 世纪末，我国高等教育不能满足国家经济发展需求的矛盾十分突出，高校扩招成为历史的必然选择。1998 年，我国高等教育毛入学率在 5% 左右，远低于部分国家高达 80% 的毛入学率水平，也低于世界平均水平。在这样的背景下，为顺应时代潮流，1999 年教育部公布《面向 21 世纪教育振兴行动计划》，拉开高校扩招的序幕。当年全国普通高校招生 160 万人，比前一年增加 52 万人，年度增幅高达 48%。之后的若干年中，高校招生人数的增长速度惊人，每年基本都以 40 万人以上的速度递增。到 2013 年，普通高等教育本专科共招生 699.83 万人，毛入学率超过 34%。而 2014 年，普通高等教育本专科招生总数首次突破 700 万人，总录取率、毛入学率都有一定程度的增长①。显而易见，实现 2020 年高等教育毛入学率达到 40% 的目标指日可待。

图 2—1 是 2013 年我国普通高等学校不同类别学生招生人数和在校生人数占比。由此可看出，普通本科生占比是最高的，接近 40%；其次是普通专科，超过 30%。这两类学生一直是我国普通高校招生的主力大军。与社会大众理解不同的是，成人高校招生人数占比虽不超过 30%，但仍是不可忽视的重要力量。

图 2—2 是 2013 年我国普通高等学校分学科招生数等基本情况。由此可以看出，工学、管理学、艺术学、文学等学科专业是招生大户，哲学、历史学和农学招生人数最少。毕业生数和在校学生数的学科分布规律大致相同。与之类似，教育部直属高校学生的专业分布也基本相同，不论是招生数还是在校生数和毕业生数。

---

① 赵炳坤：《经济学视角的中国高等教育发展方式研究》，博士学位论文，武汉理工大学，2011 年。

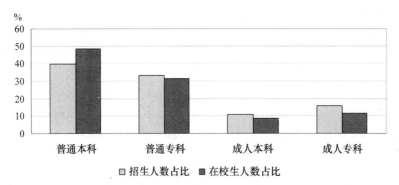

图 2—1　2013 年普通高等学校招生人数和在校生人数占比①

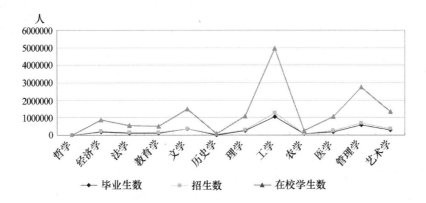

图 2—2　2013 年普通高等学校分学科毕业生数、招生数和在校学生数②

（二）研究生教育及其发展

与此同时，我国高等学校研究生招生规模也在不断扩大。新中国成立之前，只有 232 人在国内获得硕士学位。1949 年当年，刚刚成立的新中国只招收了 242 名硕士研究生。之后的十几年中，招生规模也在几百到几千人之间徘徊，每年招生人数受到当时政治环境的直接影响，并不是稳定增长的。1966—1977 年受"文化大革命"影响，我国研究生招生陷入停滞。

改革开放之初的 1978 年，我国共招收硕士研究生 10708 人（1977 年和

① 　数据来源：《中国统计年鉴 2014》，其中教育部分数据对应 2013 年度。截止到 2015 年 7 月，《中国统计年鉴 2015》尚未出版。

② 　数据来源：《中国统计年鉴 2014》，其中教育部分数据对应 2013 年度。

1978 年两年合并招生），1979 年共招收 8110 名硕士研究生，同年招收了我国第一批独立培养的博士研究生 13 名。1981 年到 1983 年，我国一共授予 29 人博士学位，授予 18143 人硕士学位。后来，硕士和博士研究生招收数量稳步增加，到扩招之前的 1998 年达到 7.25 万人，其中硕士研究生 5.8 万人①。之后研究生招生规模也开始迅猛扩大，到 2013 年我国研究生计划招生规模达到了破纪录的 60.8 万人。其中，硕士研究生为 53.9 万人，博士研究生为 6.9 万人。2014 年全国博士研究生招生规模达 7.1 万人；硕士研究生招生规模达 56 万人，比 2013 年增长约 4%，其中学术学位和专业学位招生分别超过 32 万人和 23 万人，扩招幅度较为稳定。而根据《国家中长期教育改革和发展规划纲要（2010—2020）》提出的目标，到 2020 年我国研究生整体在校生规模将达到 200 万人。这一目标一定会在近期实现。

从图 2—3 可看出，1978 年以来我国研究生招生数量在不断增加，从 20 世纪 90 年代中期到 2005 年左右，研究生招生数处于急剧增长期。后来经过短暂的修整后，2009 年又增长迅速。但研究生占总人口比重与发达国家相比仍有明显差距，还有很大的提升空间。从招生结构上看，硕士研究生招生逐渐向专业学位倾斜；而博士研究生招生基本保持稳定，

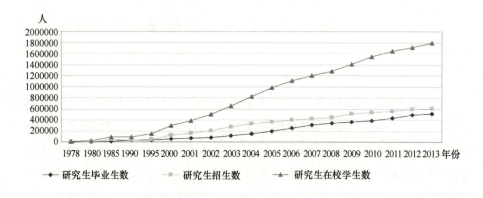

图 2—3 1978—2013 年我国研究生招生数、在校学生数和毕业生数变动趋势②

---

① 郑浩：《我国研究生教育的发展历史研究（1902—1998）》，硕士学位论文，湖南师范大学，2005 年。

② 数据来源：《中国统计年鉴 2014》，其中教育部分数据对应 2013 年度。

增速较为平缓。

二　我国高等学校及其发展历程

高等学校泛指对公民进行高等教育的场所，又称之为高等教育机构或者大学、学院等。从学历和培养层次上讲，包括专科（高职）、本科、硕士研究生和博士研究生。从培养学生的方式和类别上，又分为普通高等学校和成人高等学校。

1949 年，中国大陆只有 205 所高校，其中公办高校 121 所，私立高校 84 所，主要集中在北京、河北（当时包括天津）、江苏、浙江、福建、广东、辽宁、上海和山东等省市。随后我国进行了接管私立学校和全面院系调整等工作，此后的高等学校不论从主管部门、高校名称、培养学生的方式、院系专业等方面都进行了深刻的变革。学校的数量也经历了从 205 所到 1289 所再高速回落的过程。百废待兴的 1978 年，我国高校数量为 598 所。1978—2013 年高等学校数量和专任教师人数变动如图 2—4 所示。可见，我国高校数量在改革开放后是持续增加的，只有在高校合并浪潮席卷而来的 2000 年有小幅回落。而专任教师数每年都在增加，进入 21 世纪之后增长更为迅速。

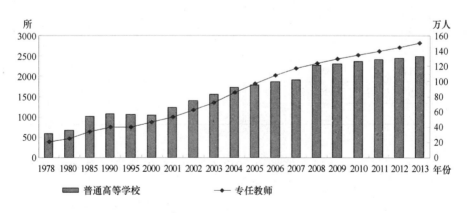

图 2—4　1978—2013 年我国普通高等学校和专任教师数量变动趋势①

---

① 数据来源：《中国统计年鉴 2014》，其中教育部分数据对应 2013 年度。

根据教育部网站发布的消息，截至 2014 年 7 月 9 日，全国高等学校（不含独立学院）共计 2542 所，其中：普通高等学校 2246 所，成人高等学校 296 所[①]。截至 2015 年 5 月 21 日，全国高等学校共计 2845 所，其中：普通高等学校 2553 所（含独立学院 275 所），成人高等学校 292 所[②]。

表 2—1   我国普通高等学校数量及其分布：2014—2015[③]

省域	2014 年	2015 年	省域	2014 年	2015 年
北京	84	91	湖北	99	123
天津	45	55	湖南	109	124
河北	101	118	广东	125	142
山西	71	79	广西	61	71
内蒙古	48	53	海南	17	17
辽宁	104	116	重庆	57	63
吉林	52	58	四川	97	109
黑龙江	78	81	贵州	47	57
上海	66	67	云南	60	69
江苏	134	162	西藏	6	6
浙江	82	105	陕西	80	92
安徽	107	119	甘肃	38	45
福建	79	88	青海	11	12
江西	82	97	宁夏	16	18
山东	130	143	新疆	39	44
河南	121	129			

表 2—1 是我国普通高等学校 2014 年、2015 年数量及其省际分部情

---

① 中华人民共和国教育部，http：//www.moe.edu.cn/publicfiles/business/htmlfiles/moe/moe_634/201408/173611.html。

② 中国教育新闻网，http：//www.jyb.cn/high/syzl/201505/t20150521_623098.html。

③ 中华人民共和国教育部，http：//www.moe.edu.cn/publicfiles/business/htmlfiles/moe/moe_634/201408/173611.html；中国教育新闻网，http：//www.jyb.cn/high/syzl/201505/t20150521_623098.html。

况。可以看出，除了海南、西藏、甘肃、青海、宁夏、新疆连续两年的高校数量都在 50 所以下，相对较少之外，我国高校整体的地域分布基本平衡。但仔细阅读高校名单会发现，较为知名的高校基本上分布在经济发达地区或者传统高等教育强省（市），比如北京市、上海市、天津市和江苏省、湖北省、陕西省、四川省等，高等教育资源不平衡的情况仍然会长期存在。

第二节　"985 工程"、"211 工程"建设高校及其发展

2015 年 6 月 9 日，一年一度的高考结束了。众多考生下一步面临的问题就是填报志愿，而"985 工程"高校、"211 工程"高校、教育部直属高校等是很多考生追捧的目标。如前所述，我国虽然有 2000 多所普通高等学校，但这些学校是金字塔式的分布，作为基底的是广大普通本科学校和专科学校，而"985"高校、"211"高校、教育部直属高校是金字塔尖的部分，只占全部高校数的 5% 左右。位于金字塔尖的学校作为我国高等学校的中流砥柱，本节简要介绍下这些学校的历史演变、区别与联系。

一　"985 工程"高校

1998 年 5 月，时任国家主席江泽民在北京大学百年校庆上提出要在国内建设一批世界一流大学。因为此讲话的日期是 1998 年 5 月，所以称之为"985 工程"。"985 工程"分成两期建设：一期有 34 所高校，二期有 5 所高校[1]。教育部相关人士表示，"985 工程"高校数目不会再进一步增多，也不存在废除的问题。2006 年，我国教育部和财政部共同负责实施"985 工程"优势学科创新平台，该项目在属于"211 工程"建设但不属于"985 工程"建设的行业特色性高校中遴选，获得资金资助较多，但入选高校仍不属于"985 工程"高校。

---

① 刘孟玥：《我国"985 工程"大学教师队伍建设问题研究》，硕士学位论文，兰州大学，2014 年。

　　由表2—2可以看出，我国"985工程"高校的地域分布较为不平衡。首都北京有8所"985"高校，占了总数的1/5多。上海市、湖北省、江苏省、湖南省、陕西省、山东省、四川省等都有2所以上的"985"高校。但大量的省份比如河北、河南、江西、海南等就没有1所"985"高校。据统计，我国"985"高校每年的普通本科招生数量不到全国当年高考人数的2%，所以进入"985"高校就读是大量高中生的梦想。

表2—2　　　　　　　"985工程"高校一期和二期名单及所在省域

高校名称	一/二期	省域	高校名称	一/二期	省域
清华大学	一	北京	北京大学	一	北京
厦门大学	一	福建	中国科学技术大学	一	安徽
南京大学	一	江苏	复旦大学	一	上海
天津大学	一	天津	哈尔滨工业大学	一	黑龙江
浙江大学	一	浙江	南开大学	一	天津
西安交通大学	一	陕西	华中科技大学	一	湖北
东南大学	一	江苏	武汉大学	一	湖北
上海交通大学	一	上海	中国海洋大学	一	山东
山东大学	一	山东	湖南大学	一	湖南
中国人民大学	一	北京	北京理工大学	一	北京
吉林大学	一	吉林	重庆大学	一	重庆
电子科技大学	一	四川	大连理工大学	一	辽宁
四川大学	一	四川	中山大学	一	广东
华南理工大学	一	广东	北京航空航天大学	一	北京
兰州大学	一	甘肃	东北大学	一	辽宁
西北工业大学	一	陕西	北京师范大学	一	北京
同济大学	一	上海	中南大学	一	湖南
中国农业大学	二	北京	国防科学技术大学	二	湖南
华东师范大学	二	上海	西北农林科技大学	二	陕西
中央民族大学	二	北京			

　　2003年，"985"一期工程中的9所大学校长联合召开"一流大学建设研讨会"，此后固定每年在不同学校轮流召开。这9所高校都是我国的顶尖一流大学，包括北京大学、清华大学、浙江大学、复旦大学、上海

交通大学、南京大学、中国科学技术大学、哈尔滨工业大学、西安交通大学。2009 年，这 9 所高校签署协定正式建立 "C9 联盟"，目的在于资源共享、优势互补、和谐共赢，这是我国向世界顶尖大学联盟学习的首次尝试，类似于美国常春藤联盟①。

在 C9 联盟之后，卓越大学联盟（Excellence 9）成立了。这是由 9 所工业信息化部和教育部直属的 "985 工程" 大学组成的高校联盟。其成员包括北京理工大学、重庆大学、大连理工大学、东南大学、哈尔滨工业大学、华南理工大学、天津大学、同济大学和西北工业大学，它们的目标是追求卓越、协同创新②。除此之外，还有很多普通高校的联盟，但是没有上述两个联盟的社会影响力大。

二　"211 工程" 高校

"211 工程" 的提出要早于 "985 工程"。1995 年，列入我国第九个五年计划的 "211 工程" 项目正式实施，"211" 的意思是面向 21 世纪重点建设 100 所左右的高等学校。该工程建设内容主要包括入选学校的整体条件、重点学科和高等教育公共服务体系三部分。旨在通过一段时间的资助和建设，明显改善高校的办学条件，在人才培养和科学研究上提升质量，使部分高校/重点学科达到或接近国际先进水平③。经过 20 年的发展，"211 工程" 建设成果丰硕，相关高校的办学条件、学科建设、人才培养和科研产出都有了实质性的提高，并一定程度上实现了高等教育公共服务体系的完善。

我国教育部网站公布的 "211 工程" 建设高校共 112 所，但中国石油大学、中国地质大学、中国矿业大学、华北电力大学都是两地办学，在招生和管理上是完全分离的，所以也有 116 所 "211 工程" 高校的说法。表 2—3 是按照 112 所高校数据整理的 "211 工程" 高校及省际分布。

---

① 王金莲：《我国大学战略联盟问题研究》，硕士学位论文，西南大学，2013 年。
② 袁义：《国内外高校联盟发展的比较研究》，《上海教育评估研究》2014 年第 2 期。
③ 莫少群：《"211 工程" 建设与高等学校的发展定位》，《中国高教研究》2012 年第 2 期。

表2—3 **我国不同省域"211工程"高校数量分布①②**

省域	高校数量	区域	高校名称
北京	23	华北	清华大学、中国政法大学等
黑龙江	4	东北	东北农业大学、东北林业大学等
吉林	3	东北	吉林大学、延边大学等
辽宁	4	东北	辽宁大学、大连海事大学等
天津	3	华北	南开大学、天津大学等
河北	1	华北	河北工业大学
山西	1	华北	太原理工大学
内蒙古	1	华北	内蒙古大学
上海	9	华东	上海大学、上海交通大学等
江苏	11	华东	中国矿业大学、河海大学等
浙江	1	华东	浙江大学
安徽	3	华东	安徽大学、合肥工业大学等
福建	2	华东	厦门大学、福州大学
江西	1	华东	南昌大学
山东	3	华东	山东大学、中国海洋大学等
河南	1	华中	郑州大学
湖北	7	华中	华中师范大学、武汉理工大学等
湖南	3	华中	湖南大学、湖南师范大学等
广东	4	华南	中山大学、华南师范大学等
广西	1	华南	广西大学
海南	1	华南	海南大学
重庆	2	西南	重庆大学、西南大学
四川	5	西南	四川大学、四川农业大学等
贵州	1	西南	贵州大学
云南	1	西南	云南大学
西藏	1	西南	西藏大学

---

① 根据教育部网站相关资料整理，http：//www.moe.edu.cn/publicfiles/business/htmlfiles/moe/moe_ 94/201002/82762.html。

② 我国的区域划分如下，华北：北京、天津、河北、山西、内蒙古；东北：辽宁、吉林、黑龙江；华东：上海、江苏、浙江、安徽、福建、江西、山东；华中：河南、湖北、湖南；西南：重庆、四川、贵州、云南、西藏；西北：陕西、甘肃、青海、宁夏、新疆；华南：广东、广西、海南；其他：香港、澳门、台湾。

续表

省域	高校数量	区域	高校名称
陕西	7	西北	西北大学、西北工业大学等
甘肃	1	西北	兰州大学
青海	1	西北	青海大学
宁夏	1	西北	宁夏大学
新疆	2	西北	新疆大学、石河子大学
军事系统	3		第二军医大学、第四军医大学等

如表2—3和图2—5所示，我国"211工程"建设保证了每个省、市、自治区都有"211"高校分布，即使是经济相对落后的西藏、贵州、青海、宁夏等地。北京、江苏、上海三地的"211"高校数位居前三，分别达到23所、11所、9所，合计占全部"211"高校数目的1/3强。有14个省、市、自治区的"211"高校数在3所以上，同样有14个省域"211"高校数只有1所。这一数据说明虽然我国每个省域都至少有1所"211"高校，但其地域分布仍然不太平衡，经济发达地区相对占据了更多的高等教育优质资源。

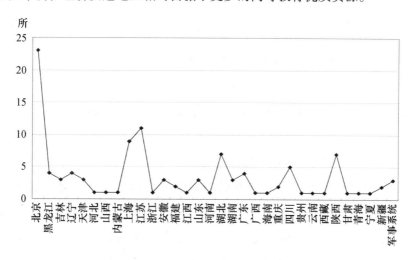

图2—5　我国31省、市、自治区和军事系统所属"211"高校数量①

①　根据中华人民共和国教育部政府门户网站相关资料整理，http://www.moe.edu.cn/public-files/business/htmlfiles/moe/moe_94/201002/82762.html。

　　图2—6是我国七大区域和军事系统所属"211"高校数。由此可以看出，华东和华北地区在"211"高校数量上占据明显优势，分别有30所和29所，这有其历史原因和现实背景。华南地区和军事系统"211"高校数相对较少。而东北、华中、西北和西南地区的"211"高校数目介于中间。这和前一部分的分析结论基本一致，我国"211"高校的整体分布与当地的经济发展水平有一定的关系。

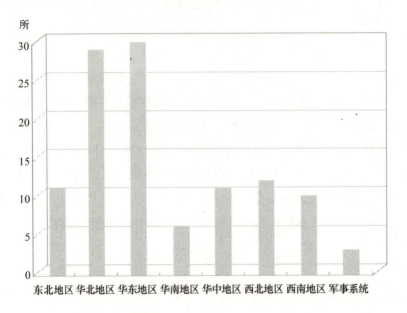

图2—6　我国七大区域和军事系统所属"211"高校数量①

三　"2011计划"和协同创新中心

　　第一章第一节提到了高校发展的协同创新背景，即人才、资本、技术、信息、知识等自由流动，企业或产业、科研院所、高等学校协同创新。与之相适应的是我国高等教育系统的第三项国家工程——"2011计划"。该计划于2012年启动，预计4年为一个建设周期。项目的核心任务是提升人才、学科、科研三位一体的创新能力，有包括文化传承创新

---

　　① 根据中华人民共和国教育部政府门户网站相关资料整理，http://www.moe.edu.cn/publicfiles/business/htmlfiles/moe/moe_94/201002/82762.html。

在内的四类协同创新模式。

2013 年，国务院首批认定的协同创新中心共 14 所①。面向文化传承的只有中国南海研究协同创新中心（南京大学牵头）和司法文明协同创新中心（中国政法大学牵头）两所。2014 年，国务院认定的协同创新中心共 29 所，面向文化传承的有 5 所，如图 2—7 所示。

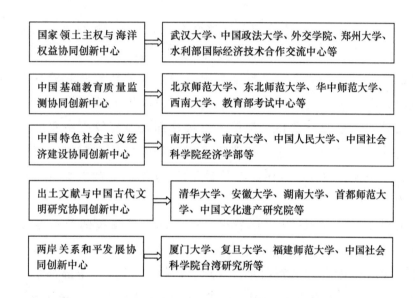

图 2—7　2014 年国务院认定的面向文化传承的协同创新中心②

2012 年以来，各省市的地区级别协同创新中心纷纷建立。比如，2013 年 7 月，山东省首批高等学校协同创新中心认定结果公示，建设周期为 3 年。其中只有一项面向文化传承的协同创新中心，即曲阜师范大学牵头的孔子与山东文化强省战略协同创新中心，参与单位包括北京大学、山东大学、山东社会科学院、中国孔子研究院、韩国成均馆大学、济宁市人民政府等③。

---

① 中华人民共和国教育部，http：//www.moe.gov.cn/publicfiles/business/htmlfiles/moe/s7062/201306/xxgk_152878.html。

② 中华人民共和国教育部，http：//www.moe.edu.cn/publicfiles/business/htmlfiles/moe/s5747/201408/172674.html。

③ 山东省教育厅，http：//www.sdedu.gov.cn/sdjy/gsgg/476304/index.html。

　　国家和各级人民政府、高等教育主管部门都对协同创新中心的建设提供强有力的支撑，包括政策支持和经费投入等。最终目标是深化体制机制改革和实现高等教育内涵式发展，进而全面提升创新能力。

第三节　我国教育部直属高校及其发展历程

　　作为国务院的重要组成部分，教育部是主管全国教育事业和语言文字工作的机构，在1995—1998年之间曾使用国家教育委员会的名字。教育部既是行政管理机构，也是我国高等学校的经营者和管理者。中央直属或者中央部属高校，主要指我国国务院组成部门在全国范围内直接领导和管理的一批高等学校。而教育部直属高校指由我国教育部直接管理的高等学校，是中央部门直属高等学校的重要组成部分。新中国成立至今，教育部直属高校从最初的15所经历数次大的变动逐渐演变为75所。

　　由图2—8和图2—9可以看出，教育部直属高校的数量变动次数多、幅度大，主要与新中国成立后我国对于高等学校的管理体制多次改革有关。1949年，教育部直接管理的高校有15所，全部都是综合或者理工类大学，具体包括中国人民大学、国立北京大学、国立清华大学等。1950年和1953年减少为14所和10所。1956年因为高校直接管理的实施，当时的高教部直属高校数猛增到75所。然而在1958年，我国对高等学校的管理从集中又转变为放权，直属高校数急剧下降。1963—1965年又经历一次放权到集中的政策转变，直属高校数有所回升。1966—1976年，受到当时政治环境的影响，我国高校的管理权限全面下放，除了坐落于北京市的几所高校外都属地方管理。改革开放后，我国的高等教育迎来了历史性机遇。1978年我国的教育部直属高校有31所，之后经历几次数目增长：（1）1982年为36所；（2）1998年增加至44所；（3）2000年增加到71所，2003年增加为72所，2005年后稳定为75所。

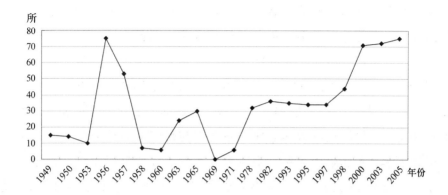

图2—8　1949—2005年教育部直属高校的数量变动

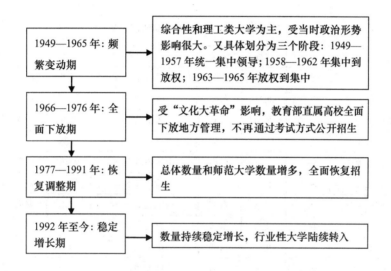

图2—9　新中国成立以来教育部直属高校发展历程①②

由图2—9可以看出，我国教育部直属高校在新中国成立之后的发展历程包括四个阶段：频繁变动期、全面下放期、恢复调整期和稳定增长期。2005年以来，教育部直属高校的数目不再变化。但地方政府和教育部共建的高校数却在增加。2004年，教育部在认真论证后谨慎决定，在

————————

　　① 王占军、孙诚：《国家调控政策下教育部直属高校的历史变迁（上）》，《大学》（学术版）2011年第9期。

　　② 王占军、孙诚：《国家调控政策下教育部直属高校的历史变迁（下）》，《大学》（学术版）2011年第11期。

那些无教育部直属高校的省域与地方政府共建一所或者多所大学，即省属高校与教育部共建，第一批包括郑州大学、新疆大学、云南大学、广西大学和内蒙古大学等。截止到 2015 年，教育部与地方政府共建的大学达到 43 所，已经突破了最初只在无教育部直属高校省域内共建高校的规则①。另外，教育部与财政部、工信部、农业部、水利部等部委及地方政府还共建了一批特色型大学。比如教育部与财政部和地方政府共建了中央财经大学、东北财经大学、上海财经大学、江西财经大学、山东财经大学、中南财经政法大学。这类共建高校有 46 所②。表 2—4 是我国 75 所教育部直属高校名单及其基本情况。

表 2—4　　　　　　　　　　教育部直属高校及其基本情况③④

高校名称	类别	省域	区域	高校名称	类别	省域	区域
北京大学	综合	北京	东部	中国矿业大学（徐州）	理工	江苏	东部
中国人民大学	综合	北京	东部	河海大学	理工	江苏	东部
清华大学	理工	北京	东部	江南大学	综合	江苏	东部
北京交通大学	理工	北京	东部	南京农业大学	农林	江苏	东部
北京科技大学	理工	北京	东部	中国药科大学	医药	江苏	东部
北京化工大学	理工	北京	东部	浙江大学	综合	浙江	东部
北京邮电大学	理工	北京	东部	合肥工业大学	理工	安徽	中部
中国农业大学	农林	北京	东部	厦门大学	综合	福建	东部
北京林业大学	农林	北京	东部	山东大学	综合	山东	东部
北京中医药大学	医药	北京	东部	中国海洋大学	综合	山东	东部

①　中华人民共和国教育部，http：//www. moe. gov. cn/publicfiles/business/htmlfiles/moe/s7189/201303/148286. html。

②　中华人民共和国教育部，http：//www. moe. edu. cn/publicfiles/business/htmlfiles/moe/s7189/201403/165432. html。

③　西部地区有12个省级行政区，包括四川、重庆、贵州、云南、西藏、陕西、甘肃、青海、宁夏、新疆、广西、内蒙古；中部地区有8个省级行政区，分别是山西、吉林、黑龙江、安徽、江西、河南、湖北、湖南；东部地区有11个省级行政区，包括北京、天津、河北、辽宁、上海、江苏、浙江、福建、山东、广东和海南。

④　中华人民共和国教育部，http：//www. moe. edu. cn/publicfiles/business/htmlfiles/moe/moe_347/201307/153731. html。

高校名称	类别	省域	区域	高校名称	类别	省域	区域
北京师范大学	师范	北京	东部	中国石油大学（华东）	理工	山东	东部
北京外国语大学	语言	北京	东部	武汉大学	综合	湖北	中部
北京语言大学	语言	北京	东部	华中科技大学	理工	湖北	中部
中国传媒大学	艺术	北京	东部	中国地质大学（武汉）	理工	湖北	中部
中央财经大学	财经	北京	东部	武汉理工大学	理工	湖北	中部
对外经济贸易大学	财经	北京	东部	华中农业大学	农林	湖北	中部
中央音乐学院	艺术	北京	东部	华中师范大学	师范	湖北	中部
中央美术学院	艺术	北京	东部	中南财经政法大学	财经	湖北	中部
中央戏剧学院	艺术	北京	东部	湖南大学	综合	湖南	中部
中国政法大学	政法	北京	东部	中南大学	综合	湖南	中部
华北电力大学	理工	北京	东部	中山大学	综合	广东	东部
南开大学	综合	天津	东部	华南理工大学	理工	广东	东部
天津大学	理工	天津	东部	四川大学	综合	四川	西部
大连理工大学	理工	辽宁	东部	重庆大学	综合	重庆	西部
东北大学	理工	辽宁	东部	西南交通大学	理工	四川	西部
吉林大学	综合	吉林	中部	电子科技大学	理工	四川	西部
东北师范大学	师范	吉林	中部	西南大学	综合	重庆	西部
东北林业大学	农林	黑龙江	中部	西南财经大学	财经	四川	西部
复旦大学	综合	上海	东部	西安交通大学	综合	陕西	西部
同济大学	理工	上海	东部	西安电子科技大学	理工	陕西	西部
上海交通大学	综合	上海	东部	长安大学	理工	陕西	西部
华东理工大学	理工	上海	东部	西北农林科技大学	农林	陕西	西部
东华大学	理工	上海	东部	陕西师范大学	师范	陕西	西部
华东师范大学	师范	上海	东部	兰州大学	综合	甘肃	西部
上海外国语大学	语言	上海	东部	中国矿业大学（北京）	理工	北京	东部
上海财经大学	财经	上海	东部	中国石油大学（北京）	理工	北京	东部
南京大学	综合	江苏	东部	中国地质大学（北京）	理工	北京	东部
东南大学	综合	江苏	东部				

　　由表2—4可以看出，教育部直属高校大多是我国的重点大学，东部地区较多，达到50所，中部和西部地区分别为13所和12所。自近代以来，东部地区就是我国的经济发达地区，人口密度较大、重要城市较多，

比如北京、上海、南京、广州等城市，高等学校也集中于这一地区。特别是首都北京，集中了我国很多高等教育优质资源。图 2—10 是我国教育部直属高校的类别分布，理工和综合类高校最多，其次是农林、师范、财经和艺术类。

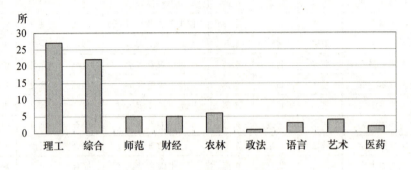

图 2—10　教育部直属高校类别划分

第四节　小结

高等学校是培养创新型人才的场所，为我国的经济建设输入了数以千万计的合格毕业生。新中国成立以来，我国的高等教育经历了数次大的转变，1978 年之后进入了稳定发展期。本章首先对我国的高等教育、高等学校及其历史变迁进行概述，其次介绍了"985 工程"、"211 工程"、"2011 计划"建设高校相关情况，最后对我国教育部直属高校及其发展历程进行综述。

第三章　高等学校科学研究活动概述

改革开放以来，我国的科学研究得到了长足的发展，逐渐形成政府、高校及科研院所、企业、创新服务体系相互支撑的科技创新系统和文化服务系统。高等学校作为我国科学研究的中流砥柱和坚实力量，为创新型国家建设提供牢固的知识基础、科技资源和人才支撑，成为培养造就高质量人才、实现社会进步和发展的摇篮。

第一节　自然科学研究和社会科学研究

一直以来，科学研究的定义十分多样化。可以将其理解成为增进人类社会的各种知识（包括文化和社会、科学和技术方面）以及利用这些知识去发明新的技术、形成新的知识体系而进行的系统、长期的创造性工作。高等学校是我国进行科学研究的主要场所和机构，其科研活动的重要性不言而喻。

2015 年 3 月底，一年一度的国家自然科学基金（简称"国家自科"）和国家社会科学基金（简称"国家社科"）项目申报工作结束了。根据两项国家基金的申报领域，可大致了解自然科学研究和社会科学研究的涉及范围。国家自然科学基金划分为八大学部，包括数学物理科学部、化学科学部、生命科学部、地球科学部、工程与材料科学部、信息科学部、管理科学部和医学科学部①。一般每年底发布国家自然科学基金的申报指南，到次年 3 月份申报结束。而国家社会科学基金涉及学科领域更

① 国家自然科学基金委员会，http：//www.nsfc.gov.cn/。

多，包括马克思主义·科学社会主义、党史·党建、哲学、理论经济、应用经济、统计学、政治学、法学、社会学、人口学、民族问题研究、国际问题研究、中国历史、世界历史、考古学、宗教学、中国文学、外国文学、语言学、新闻学与传播学、图书馆·情报与文献学、体育学、管理学。另外，还有教育学、艺术学、军事学三个单列学科①。国家社科的申报时间和国家自科大致相同。两个基金相比，国家自科的申报项数和立项比例更高一些。两个基金项目都是我国最顶尖级别的科研项目。

从上述学部和学科划分可以看出，自然科学研究认识的对象是整个自然界各种物质的类型、状态、属性和运动形式，其任务在于揭示它们的原理、本质和规律，以便全面了解整个世界并作出准确的预测。而社会科学是研究社会现象、人类行为及其发展变动规律的科学。有些学科，如人类学、心理学、考古学、管理学，是社会科学和自然科学的交叉学科，管理学研究人员既可以申请国家自然科学基金又可以申请国家社会科学基金。目前阶段，随着多学科、交叉性协同创新的深入开展，自然科学和社会科学研究之间已经出现了深度的融合。

社会科学研究在不同的应用场合还有不同的名称，比如哲学社会科学和人文社会科学。国家社科基金的管理机关叫作全国"哲学社会科学"规划办公室，而教育部项目的名称叫作教育部"人文社会科学"研究项目，相关网站称之为教育部"人文社会科学"信息网。在本书中上述名称不做严格区分。在真正研究教育部直属高校人文社科科研效率之前，需要对我国高等学校整体上的科学研究状况作一个基本介绍。本章第二节和第三节分别从自然科学和社会科学角度对我国高校科研状况及其发展变动规律、趋势进行介绍，但后者的介绍更为详尽。

第二节　高等学校自然科学研究投入产出
总量及其变动趋势分析

根据《国家中长期科学和技术发展规划纲要（2006—2020 年）》和

---

① 全国哲学社会科学规划办，http：//www. npopss-cn. gov. cn/n/2014/1211/c219469-26187444. html。

"十二五"发展规划，在我国整体科技创新能力提升、科技资源总量增加、自主创新环境优化的背景下，要求进一步提高研发投入强度和原始创新能力，促进科技与经济紧密结合，注重创新基地和人才队伍建设，完善科技创新的体制机制。一直以来，高等学校都是科技创新的主要场所和核心力量，其科学研究特别是自然科学研究活动亟须进一步提升。本节以高等学校自然科学研究活动作为分析对象，探究其投入产出发展变动的规律和趋势，包括科技人员和科技经费投入及变化，各类科技成果产出变动及增长率等。

一 高等学校自然科学研发经费、人员投入及其变动：2001—2013

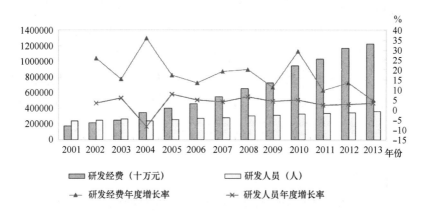

图3—1 2001—2013年高等学校自然科学研发经费、人员投入及增长率①

图3—1至图3—5和表3—1涉及数据均来源于教育部科技司编写的2002—2014年《高等学校科技统计资料汇编》，对应数据时间2001—2013年，这点与《全国高校社科统计资料汇编》不同，前者是2014年汇编对应2013年数据，而后者是2013年汇编对应2013年数据。研发经费指的是各种来源的自然科学研发经费拨入数，包括科研事业费、主管部门专项费、其他政府部门专项费、企事业单位委托经费、各种收入中转

---

① 为了能在一张图中对比所有研发投入，此处将研发经费的计量单位调整为十万元，后续图示也有类似调整。

为科技经费等。从图3—1中可以看出：（1）我国高校自然科学研发投入经费从2001年的174.73亿元，到2013年逐渐增加到1222.69亿元，累计增长为基期的近7倍。同期我国高校自然科学研发人员从2001年的24.0654万人增加到2013年的35.9884万人，累计增长幅度只有49.54%。经费的增长远远高于人员的增长，主要原因是人员变动受制于各高校编制数量等进人限制。（2）随着时间的推移，研发经费逐年增长，年度增长率介于4.47%—35.94%，说明我国高校自然科学研究得到了国家相关部门的高度重视，研发经费拨款增加迅速，高校自身也通过各种渠道筹措资金，科研总体规模不断提升，且持续而稳定；同时期的研发人员增长缓慢，最高年度增长率不超过8%，其中2004年甚至有一定程度的下降；2002—2013年中，每年研发经费增长率都超过同期的研发人员增长率。（3）2001年，研发人员人均研发经费投入大约为7.26万元，到2013年增长为人均33.97万元。即便考虑物价上涨因素，人均研发经费也在12年间增长数倍。（4）与之前相比，2011年以来我国高等学校自然科学研究拨入经费上升幅度趋缓，但仍然处于增长当中。2005年以来，高校自然科学研发人员每年都在适度增加，整体的增长趋势较为平稳。

二　高等学校自然科学研究各项产出及其变动趋势：2001—2013

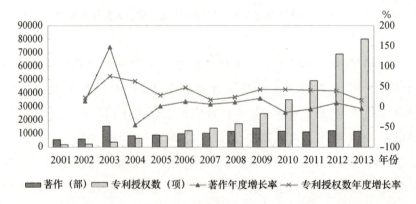

图3—2　2001—2013年高等学校自然科学研究著作、专利产出及增长率

　　图 3—2 是 2001—2013 年高等学校自然科学研究著作、专利授权数产出及其变动情况。学术专著是对某一学科、课题、问题进行全面系统论述的著作，科技著作是自然科学领域的学术专著，具有公认的创新性。但科技著作的出版受很多因素的影响。许多研究成果已经成型具备出版学术专著的基本条件，但限于出版费用高昂等原因而推迟甚至无法出版。如图 3—2 所示，在 2001 年、2002 年基础上，我国的科技著作出版数量经历了 2003 年的暴增之后趋于平稳。从表面数字看，2001 年出版数量为 5534 部，2013 年达到 11493 部，年度平均增长 6.28%。12 年间累计增长总幅度达到 107.68%。但实际上，科技著作出版数的增加主要集中于 2001—2009 年，2010 年之后没有增加却小幅下降。

　　专利包括发明专利、外观设计专利和实用新型专利，是体现高校科技创新能力的重要指标之一。随着我国对知识产权的重视和保护意识增强，专利作为知识产权的重要组成部分，日益受到国家相关部门的重视。各高校也纷纷采取激励机制鼓励科研人员申请专利，效果十分明显。根据图 3—2 所示，我国高校专利授权数处于不断的高速增长当中，从 2001 年的 1850 项猛增到 2013 年的 79926 项，累计增长为基期的 43 倍，年均增长率达到 36.87%。2004 年之后，专利授权数年度增长率每年都超过科技著作的增长率，而且随着时间的推移这种步伐丝毫没有放缓。这说明，我国高校科技人员申请专利的热情高涨，同时高校科技创新能力提升迅速。

　　图 3—3 是 2001—2013 年高等学校自然科学研究学术论文、科技课题产出及其年度增长率。学术论文是对某学术型问题的研究成果、创新见解、知识扩充、应用领域扩展等的科学记录，主要包括国外学术刊物论文和国内学术刊物论文。2001 年，我国高等学校自然科学各类学术论文产出共 30.32 万篇，2013 年增长到 80.87 万篇，增长总幅度超过 166.72%，年度增长率介于 1.31% 到 14.89%。2007 年之前，年度增长率均超过 10%，而 2008 年之后年度增长率都低于 10%。这说明我国高等学校学术论文产出在经历了最初几年的高速增长之后，逐渐趋于缓慢增长。

　　科技课题主要指纵向科技项目，即各级各类科技主管部门、政府主

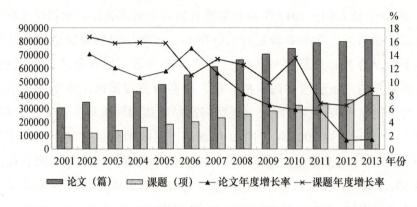

图3—3   2001—2013年高等学校自然科学研究论文、课题产出及增长率

管部门或机构批准立项的自然科学研究课题，包括国家自然科学基金、各部委科研项目、各省自然科学基金、各省软科学研究项目等。2001年，我国高等学校各类科技课题立项10.10万项，到2013年增长到大约39.75万项，累计增长幅度293.6%，年度增长率在6.47%—16.64%。随着时间的推移，科技课题年度增长率整体上逐渐下降。说明我国高校科技课题总量在缓慢增长，但增幅逐渐趋缓。2001—2013年，不论是学术论文还是课题数的年度增长率都是正数，没有低于0的年份，说明两项产出总量上都在增加，但年度增长率在2006年、2007年之后有所下降。学术论文的年度增长率下降得更快。

三　省域高等学校自然科学研发投入产出基本情况：2001—2013

表3—1　2001—2013年省域高等学校自然科学研发投入产出年度平均数①

省域	研发人员（人）	研发经费（千元）	著作（部）	论文（篇）	项目（项）	专利授权数（项）
北京	29196.46	10805763.62	962.15	53577.23	26792.08	2827.62
天津	8575.54	1858774.62	238.92	13844.54	6292.77	646.69
河北	7474.00	927641.46	316.92	18310.23	5380.62	393.69

①　表3—1中指标的计量单位都与《高等学校科技统计资料汇编》中相同。

省域	研发人员（人）	研发经费（千元）	著作（部）	论文（篇）	项目（项）	专利授权数（项）
山西	6397.00	560565.46	261.54	8460.15	3448.69	175.92
内蒙古	3594.31	249438.15	113.77	5898.15	2457.92	48.92
辽宁	16869.15	2932068.54	699.92	26654.92	9861.54	985.92
吉林	13079.23	1300248.46	329.62	16065.38	5275.77	387.54
黑龙江	14067.92	2554452.54	564.38	20960.31	8429.38	1046.38
上海	20361.38	6525740.92	557.31	38963.08	16755.69	2467.23
江苏	20435.23	6330959.62	810.38	51945.08	17140.54	3860.62
浙江	11616.31	3494265.77	342.23	26508.92	15340.23	2902.23
安徽	9319.31	1804167.38	409.69	17472.54	8352.31	489.46
福建	5535.08	857247.23	124.08	8910.08	6168.23	355.31
江西	5436.31	692160.00	170.23	11267.46	4260.62	233.08
山东	15632.69	2106069.62	517.46	27787.54	9897.00	1157.38
河南	5492.69	863949.00	737.23	21770.92	4754.54	438.85
湖北	15068.23	3662009.00	614.00	41446.69	14011.08	1210.00
湖南	9821.54	2058370.69	452.00	24222.31	9045.92	622.77
广东	16453.00	3023452.69	496.15	32368.77	16040.92	1184.69
广西	8984.85	516807.15	115.85	11998.85	5179.23	202.69
海南	514.08	76836.15	39.00	1529.77	761.38	18.15
重庆	6274.85	1120883.46	213.31	13772.31	5002.77	483.23
四川	15205.77	2878304.31	437.38	30069.46	13166.54	760.31
贵州	2683.38	194598.38	61.85	5083.92	2675.62	70.31
云南	5337.69	416525.38	128.31	7785.85	3734.54	317.77
西藏	365.91	36697.23	2.92	249.00	75.62	1.15
陕西	11590.46	4049085.15	582.46	30456.15	11910.85	1408.92
甘肃	3069.77	448463.15	172.69	7696.31	3162.92	137.54
青海	667.23	68764.54	16.38	1433.85	260.62	4.15
宁夏	1237.54	65554.15	17.23	2694.31	1209.38	14.15
新疆	2466.46	167227.31	50.92	5656.31	1279.62	35.08

　　表3—1列出了我国31个省、市、自治区高等学校自然科学研究各项投入产出的年度（2001—2013年）平均数据。整体上看，投入产出之间存在高度的相关关系，投入较多的省份产出一般都比较高。具体来说：

（1）北京、江苏、上海、辽宁、广东的研发人员投入最多，年度平均超过 16000 人。西藏、海南、青海、新疆、宁夏研发人员最少，年度平均都在几百到 2000 多人之间。（2）自然科学研发经费投入最多的省域有北京、上海、江苏、浙江、陕西、湖北，年度平均从 34.9426577 亿元到 108.0576362 亿元不等。西藏、宁夏、青海、海南研发经费投入最少，都只有几千万元，与北京等地差距十分明显。（3）北京、江苏、河南、辽宁、湖北年度平均科技著作数最高，都在 600 部以上。西藏、青海、宁夏、海南、新疆每年出版的科技著作平均不超过 51 部，在所有省域中是最低的。（4）年度平均学术论文最多的省域有北京、江苏、湖北、上海、广东、四川、陕西，每年平均产出论文 3 万篇以上。西藏、青海、海南、宁夏自然科学学术论文数量偏低，年度平均最多不超过 3000 篇。（5）年度平均科技课题最多的省域有北京、江苏、上海、湖北、广东、浙江，都在 14000 项以上。西藏、青海、海南、新疆、宁夏的科技课题较少，年度平均不超过 1300 项。（6）专利授权数最多的省域有江苏、北京、浙江、上海，每年平均超过 2000 项。西藏、青海、宁夏、海南、新疆、内蒙古每年获授权专利数最少，平均不超过 50 项。

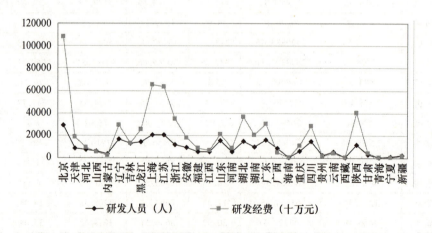

图 3—4　2001—2013 年省域高等学校自然科学研发经费及人员投入

由图 3—4 和图 3—5 可以看出，我国高等学校自然科学研究投入产出的省域差异十分明显。北京、上海、江苏、湖北、陕西等地科研投入

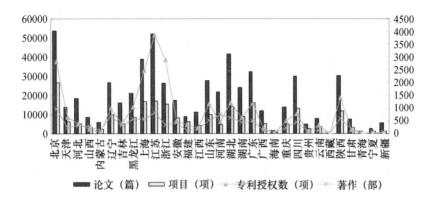

图 3—5　2001—2013 年省域高等学校自然科学研究各项产出

和产出明显高出其他省域，而新疆、西藏、宁夏、青海、海南等地都处于自然科学研究的落后状态。显而易见，各项自然科学研究投入产出，排在前列的和排在最后的省市自治区差异较大。这与它们所处的地理位置、经济发展水平、高等教育规模、地方政府政策等都有一定的关系。经济发达省份高等学校数量和科研规模本来就超过落后地区，且更容易引进高水平人才和吸收科研经费，有良好的科研环境和平台、产学研合作更为协调，这些都决定了不同区域、省域的科研投入产出规模差异明显。为避免不同省域高校自然科学研究差距进一步拉大，各地高等教育主管部门应认清自身所处的位置和存在问题，采用有力措施引进高水平人才、筹措各种科研经费，制定强有力的激励机制促进各项高科技成果的产出。

第三节　高等学校人文社科研发投入及其变动趋势分析

高等学校创新能力的提升，包括自然科学和人文社科创新能力的同步提升。各地高校的人文社科协同创新中心如雨后春笋般纷纷成立并开始运转。我国人文社科研究已进入新中国成立以来的最好时期，得到了国家相关部门的高度重视，科研经费空前增加，科研人员数量和质量都显著提升，科研成果不断推陈出新。高等学校作为人文社科研究的主要基地和中坚力量，其研发经费/研发人员总量及增长率、变动趋势，各省高校人文社科研发经费/研发人员及其变动规律等值得探讨，本部分以此为研究对象进行分析。

一　高等学校人文社科研发经费总量、内部支出及其变动：2001—2013

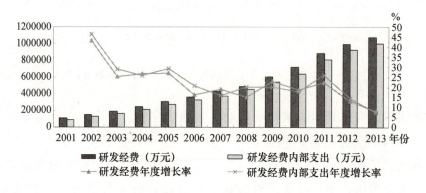

图3—6　2001—2013年高等学校人文社科研发经费总量、内部支出及其增长率

本部分涉及的所有数据均来源于教育部社科司编写的《全国高校社科统计资料汇编》，部分对比数据出自教育部科技司编写的《高等学校科技统计资料汇编》。从图3—6中可以看出：（1）我国高校人文社科研发投入经费变动从2001年的10.72亿元增加到2013年的107.83亿元，累计增长幅度达到906.36%。同期我国高校自然科学研发投入经费从2001年的174.73亿元增加到2013年的1222.69亿元，累计增长幅度约为599.76%。虽囿于学科性质总量上差距明显，但人文社科投入经费增长幅度是超过自然科学的，相对投入比例在增加。（2）研发经费内部支出反映了我国高校每年度人文社科研发经费的实际支出水平。从每年度的对比上看，2001年内部支出占当年研发经费总量的82.14%，到2013年提高到92.64%，基本稳中有升。从内部支出总量上看，2013年比2001年增长了1034.88%，比同时期的经费总量增长率要高一些。这说明，实际用于人文社科研究的经费支出不论在总量上还是在比例上都增长较快。（3）从年度环比增长率上看，不论是人文社科研发经费总量还是内部支

出，2002—2005 年与前一年相比的增长率都较高，2006 年之后趋于稳定。从最初的年度增长超过 40% 到后期的增长为 13%—14%，2013 年甚至降低到 10% 以下。这说明随着人文社科研发总量规模的增加，年度增长率逐渐下降到稳定水平。但仍然是增长的，只是增幅更加合理。

二　高等学校人文社科研发经费构成及其变动趋势

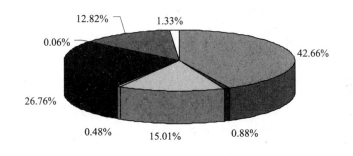

图 3—7　2013 年高等学校人文社科研发经费来源的构成及比例

图 3—7 是 2013 年我国高校人文社科研发经费来源的内部构成及所占比例。其中比例较高的科研活动经费和科技活动人员工资，主要来自财政部门和有关主管部门拨付的专项和非专项经费、各种补贴、配套经费等。企事业单位委托项目经费，主要指高等学校承担企业和事业单位委托的各类人文社科研究方面的横向课题和咨询服务，从而获取的各种经费。自筹经费指的是高校人文社科研究取得的除财政拨款和企事业单位赞助之外的经费来源，比如每年各类课题都会立项一定比例的自筹经费项目。除此之外，科研基建费、金融机构贷款、国外资金和其他收入所占比例都非常低，合计一般不超过 5%。

图 3—8 是 2013 年我国高校人文社科研发经费内部支出的构成及比例，这组数据显示了科研经费的实际去向。比例较高的有科研人员费和业务费，其中业务费包括与科研活动直接相关的材料费、测试化验费、差旅费、会议费、国际合作与交流费、出版费等，科研人员费是支付给

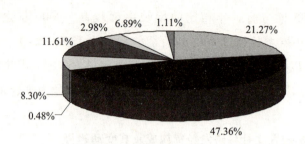

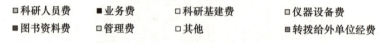

图 3—8　2013 年高等学校人文社科研发经费内部支出的构成及比例

包括研究生在内的各类科研人员的劳务费和咨询费等。仪器设备费和图书资料费是指与人文社会科学研究直接相关的仪器设备和图书资料支出，所占比例也较高。其他内部支出项目合计占 10% 左右。

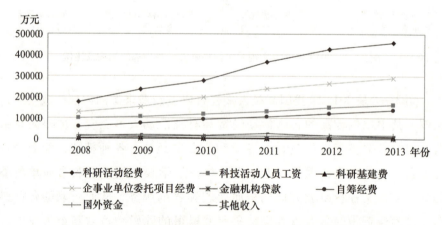

图 3—9　2008—2013 年高等学校人文社科研发经费来源的变动趋势

图 3—9 是 2008—2013 年高等学校人文社科研发经费总量及其内部构成的变动趋势，因 2007 年以前的经费总量分类与之后差异较大，统计口径不同，所以不考虑在内。可以看出，各项主要的资金来源都处于不断的上升当中，科研活动经费 6 年间由 17.57 亿元增长为接近 46 亿元，增长幅度为 161.8%；企事业单位委托项目经费由 12.69 亿元增长

为 28.85 亿元，增长幅度为 127.34%；科技活动人员工资和自筹经费
都有超过 50% 的大幅度增长。其他次要资金来源的变动不十分稳定，
但对经费总量的影响不大。这说明我国高等学校人文社科活动的经费
来源还是十分稳妥、增长迅速的，这为我国高校的人文社科研究提供
了便利条件。

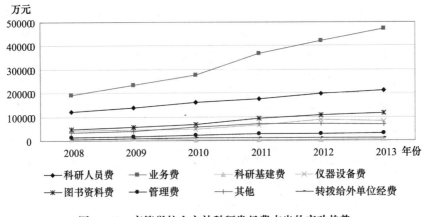

图 3—10　高等学校人文社科研发经费支出的变动趋势

同时期的研发经费内部支出也在同步增长，如图 3—10 所示。
2008—2013 年增长率超过 100% 的有业务费、仪器设备费、图书资料费、
管理费、其他，转拨给外单位经费有超过 90% 的增长。科研人员费的同
步增长率也超过 73%，由 12.27 亿元增加到 21.25 亿元，科研业务费由
19.14 亿元增加到 47.31 亿元，说明我国高校人文社科研究支出处于不断
的有序、稳步提升中。

三　省域高等学校人文社科研发经费比较分析

表 3—2　　　省域高等学校人文社科研发经费总量及年度平均　（单位：万元）

省域	2001 年经费	2013 年经费	2001—2013 年平均	省域	2001 年经费	2013 年经费	2001—2013 年平均
北京	21642.16	188067.75	98111.41	湖北	6740.71	66152.68	30624.34

省域	2001 年经费	2013 年经费	2001—2013 年平均	省域	2001 年经费	2013 年经费	2001—2013 年平均
天津	3154.69	28970.95	13448.21	湖南	4335.67	37700.01	18820.57
河北	1903.91	15784.28	7245.35	广东	6625.62	104981.27	41590.73
山西	1601.44	12490.58	7741.20	广西	952.50	16466.83	8107.37
内蒙古	447.40	7505.33	2619.86	海南	357.21	2301.12	993.30
辽宁	3797.80	25561.18	13499.17	重庆	1633.32	31774.99	15063.19
吉林	2456.80	27025.53	11984.52	四川	3223.36	47435.19	21684.82
黑龙江	1479.42	10425.27	5322.82	贵州	368.61	8937.24	3516.86
上海	11350.15	100434.54	46726.46	云南	3522.99	12100.20	6685.78
江苏	8037.57	69158.99	30713.94	西藏	29.80	1640.01	462.67
浙江	7028.91	94042.37	44693.44	陕西	2264.00	30914.54	13240.54
安徽	2500.44	27879.61	11196.15	甘肃	871.01	7602.95	4773.16
福建	2389.66	30496.31	12127.34	青海	121.12	1365.15	705.24
江西	614.65	14665.95	6444.29	宁夏	268.88	2511.31	988.55
山东	4209.70	29578.86	16110.40	新疆	187.95	5274.98	2601.59
河南	3032.91	19070.42	8013.03				

限于篇幅，只在表 3—2 中列示 2001 年、2013 年、2001—2013 年平均的省际人文社科研发经费投入总量，其他年份的具体数据从略。由此可以看出，我国不同省域高等学校人文社科研发经费投入还是差异很大的。2013 年，经费总量排在前五位的是北京、广东、上海、浙江、江苏，全部超过 6.9 亿元。这些省域人文社科研发经费投入较多，并处于不断的增长当中，增长趋势是十分明确的，但增长的速度和程度有所不同。人文社科研发经费总量投入最少的是青海、西藏、海南、宁夏和新疆，均不超过 5300 万元。主要原因是这些省域所处区域大多是中西部地区，经济发展较为缓慢，高等教育整体规模小，高校人文社科研究水平偏低等。

2001 年以及 2001—2013 年的省域平均值，排在前/后五位的还是这几个省域，只是排名次序有所改变。即各个省域得到的人文社科经费投入基本排序变动不大，与当地的高校数量和层次、人文社科研究的规模和影响力都有很大的关系。北京市每年的高校人文社科经费投入甚至达到了投入较少省域的数十甚至上百倍，这与北京市的经济发展和各大高校林立有密切关系。2001 年，北京市高校人文社科经费投入为 2.164216亿元，西藏只有 29.8 万元，新疆、宁夏、青海等边远省域的投入只有一二百万元，差距是明显的。2013 年，北京市高校人文社科经费投入已经达到 18.806775 亿元，而西藏、青海、宁夏等省域高校投入只有一两千万人民币，差距稍有缩小但仍十分明显。

表 3—3　省域高等学校人文社科研发经费年度平均增长率：2001—2013　（单位：%）

省域	北京	天津	河北	山西	内蒙古	辽宁	吉林
年度增长率	19.74	20.30	19.27	18.67	26.49	17.22	22.12
省域	黑龙江	上海	江苏	浙江	安徽	福建	江西
年度增长率	17.67	19.92	19.64	24.13	22.26	23.64	30.26
省域	山东	河南	湖北	湖南	广东	广西	海南
年度增长率	17.64	16.56	20.96	19.75	25.89	26.81	16.79
省域	重庆	四川	贵州	云南	西藏	陕西	甘肃
年度增长率	28.06	25.12	30.43	10.83	39.65	24.34	19.79
省域	青海	宁夏	新疆				
年度增长率	22.37	20.47	32.03				

表 3—3 是我国 31 省、市、自治区高等学校人文社科研发经费2001—2013 年的年度平均增长率。可见，人文社科研发经费投入较多的省域基本都是我国的高等教育大省，同时也是经济大省。科学研究和经济发展之间形成了一种良性互动的关系，经济越发展越容易引进人才，人才越多投入越多团队越强，科研成果越多越可以助力当地经济发展。不论我国的哪个省域，相应经费的增长速度都是很惊人的，说明近年来人文社科研究得到了足够的重视和投入。就 12 年间的增长幅度和年均增长率来看，西藏的累计增长幅度达到 5403.40%，年度平均增长率39.65%；新疆累计增长幅度达到 2706.59%，年度平均增长率 32.03%；多数省域的年度增长率都接近或者超过 20%。累计增长幅度超过 1500%的省域有内蒙古、江西、广西、重庆、贵州、西藏和新疆。其他省域增

长也很迅速，特别是广东省、浙江省、四川省不仅增长幅度大，而且起点也较高，实现了持续的高投入和高增长。

中国作为一个正在崛起中的大国，为了实现经济社会的协调发展、人与社会的和谐共赢，构建转型时期的价值观，需要充分认识人文社会科学研究的重要性。近年来，国家相关部门出台各项规定和政策，支持人文社会科学研究的繁荣和发展，人文社科研究经费投入不断增加。

四　高等学校人文社科研发人员投入及其变动趋势

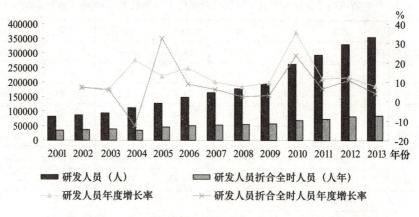

图3—11　2001—2013年高等学校人文社科研发人员投入及其变动趋势

由图3—11可以看出，2001—2013年我国高等学校人文社科研发人员数量不断增多，年度增长率最低的是2003年的6.68%，最高达到2010年的35.54%，年度平均增长速度为13.14%。虽然此增长速度与经费的增长相比仍有距离，但总量的增长仍不容忽视，说明我国高等学校人文社科研究整体上的人员投入是稳步增加的。研发人员折合全时人员是全时人员和非全时人员折算为全时人员之后的总和，反映了人文社科研究方面投入的实际"人年"工作量，这个人年可以理解为一个全职人员整整工作一年，即反映科研整体工作量的投入。研发人员折合全时人员增长率远低于研发人员投入的增长率，年度平均为7.78%，最高增长率达到32.51%，最低的是2004年的－12.36%，即在这一年有大幅度的下降。2006年之后，两者的增长率变动曲线是相似的，说明人员总量增长和折算工作量增长是基本同步的。

五　省域高等学校人文社科研发人员投入及增长率

表3—4　省域高等学校人文社科研发人员折合全时人员投入及年度平均增长率

省域	2001 年（人年）	2013 年（人年）	年度平均增长率（%）	省域	2001 年（人年）	2013 年（人年）	年度平均增长率（%）
北京	4503.70	7940.50	4.84	湖北	1813.30	4075.30	6.98
天津	922.00	3163.70	10.82	湖南	1559.30	4406.80	9.04
河北	1299.00	2958.90	7.10	广东	2150.50	5567.90	8.25
山西	821.80	1623.40	5.84	广西	867.00	1807.90	6.32
内蒙古	349.40	707.70	6.06	海南	97.20	364.80	11.65
辽宁	1572.10	2993.00	5.51	重庆	1231.40	2738.30	6.89
吉林	1092.40	3318.00	9.70	四川	1084.80	4080.60	11.67
黑龙江	946.50	2793.20	9.44	贵州	168.30	1161.70	17.47
上海	1854.00	4664.80	7.99	云南	876.20	1824.50	6.30
江苏	2591.20	5648.50	6.71	西藏	49.10	187.70	11.82
浙江	1498.80	5295.00	11.09	陕西	935.20	2401.20	8.18
安徽	1228.60	3160.20	8.19	甘肃	313.20	910.00	9.30
福建	742.00	2336.50	10.03	青海	65.00	230.60	11.13
江西	879.80	1108.50	1.94	宁夏	124.00	346.50	8.94
山东	1737.60	3579.60	6.21	新疆	392.60	1103.80	9.00
河南	836.30	2572.20	9.82				

　　根据前文的介绍，研发人员折合全时人员能反映高校实际投入的科研综合工作量，此处选择这一指标来反映人员投入的省域差异。根据表3—4,2001 年投入在 1500 人年以上的省域有北京、辽宁、上海、江苏、山东、湖北、湖南和广东，投入低于 100 人年的有海南、西藏和青海。2013 年投入在 4000 人年以上的省域有北京、江苏、上海、浙江、湖北、湖南、广东和四川，投入低于 1000 人年的有内蒙古、海南、西藏、甘肃、青海和宁夏。人力投入的规模基本上与经济发展水平、高校数量的多少直接相关。

随着时间的推移，各个省域投入的研发人员折合全时人员都在增加，但增长率有所不同。增长较快的有天津、浙江、福建、海南、四川、贵州、西藏和青海，年度平均增长率都超过10%。其中浙江和四川是在投入水平较高的基础上实现了高速增长。年度平均增长率低于6%的有北京、山西、辽宁和江西，其中北京市高校人文社科研发人力增长较慢的原因是投入基础水平太高。其总量一直处于各省域的前列，能有这样的增长率已经非常可观。

第四节　高等学校人文社科研究产出 及其变动趋势分析

本部分对高等学校人文社科研究各项产出及其变动趋势和省域差异进行分析和探索。

一　高等学校人文社科研究产出及其变动趋势

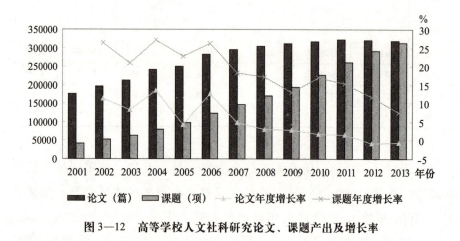

图3—12　高等学校人文社科研究论文、课题产出及增长率

图3—12是我国高等学校人文社科研究产出中的学术论文、课题数及其增长率的变动。学术论文的数量在2001—2007年经历了高速增长，从17.57万篇增加到29.53万篇，年度增长率都在4%以上。但2008年之后，学术论文的增长势头明显放缓，甚至在近两年出现了一定程度

的下降。论文是高校对教师进行考核的首要标准，为什么学术论文总量会有一定程度的下降呢？这与近期很多高校特别是重点大学更加注重论文的质量而非仅看重总数量有关。各个高校都把 CSSCI 甚至 SSCI 检索论文当作职称评聘的基本要求，客观上对论文总数量的进一步增长起到了阻碍作用。可以预见，论文发表数量的未来趋势也是质量提升为主数量增加为辅。课题上，2001 年立项课题总数为 41037 项，到 2013 年增加到 313461 项，增长总幅度是非常惊人的，年度平均增长率达到 18.46%。这与我国各级各类课题的总数量增加有直接关系，随着人文社科研究越来越受到重视，与之相关的各类课题数量在迅速增加。但这种快速增长势头也在下降，年度增长率从最初几年超过 20% 下降到 2013 年的 10% 以下，说明人文社科课题的增长已经进入稳定期。

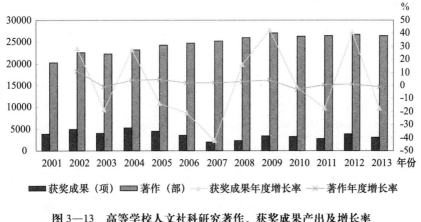

图 3—13　高等学校人文社科研究著作、获奖成果产出及增长率

图 3—13 是我国高等学校人文社科研究产出中的获奖成果、社科著作及其增长率的变动，其中的获奖成果指的是省部级以上社科奖励数。2001—2013 年，高等学校人文社科获奖成果总量变动起伏较大，先下降后上升再下降再上升，12 年间累计呈下降趋势。社科奖励的多少与教育部和各省域社科管理政策有直接的关系。近年来社科奖励总数控制得非常严格，在无合适成果的情况下甚至可以空缺，申报成果基数多、评奖难度大是必然趋势。同时，社科著作的总量变动也不明显，从

2001 年的 20319 部增加到 2013 年的 26373 部，年度平均增长只有 2%
多一点，而且增长率的变动幅度非常平稳，基本都在一条直线上。主要
原因是社科著作作为高水平学术成果的典型代表，从有思路、框架到
撰写、出版，经历周期长且费用高，所以增速不会太快。

二　省域高等学校人文社科研究产出及其变动趋势

表 3—5　　2001—2013 年省域高等学校人文社科研究产出年度平均数

省域	课题（项）	著作（部）	论文（篇）	获奖成果（项）
北京	16241.00	4413.77	27105.69	178.54
天津	4526.00	713.00	5509.08	95.31
河北	4674.46	509.23	8828.23	107.23
山西	1908.77	390.69	3531.62	62.92
内蒙古	1391.92	198.23	2758.15	71.77
辽宁	5370.15	1411.46	12047.62	156.69
吉林	4210.00	703.31	7401.23	122.46
黑龙江	2624.85	576.38	5852.54	154.54
上海	11133.46	2281.62	16551.46	180.23
江苏	10173.92	1436.92	19674.92	235.00
浙江	13346.54	1173.77	12925.85	207.38
安徽	4709.31	524.15	7815.77	43.00
福建	4929.15	521.85	6762.54	167.69
江西	4755.62	360.62	6251.00	107.54
山东	6916.77	1124.00	13956.85	360.08
河南	5417.00	875.38	11602.31	237.77
湖北	8286.92	1472.38	18197.38	170.31
湖南	8017.62	904.31	14781.54	133.54
广东	9986.31	1396.85	16229.00	105.92
广西	3513.54	365.08	5833.23	95.62
海南	656.85	154.00	1173.62	18.31
重庆	4164.69	566.08	7532.15	69.46
四川	7445.23	742.23	10938.38	151.54
贵州	1831.69	153.08	3422.00	38.69
云南	3023.92	514.85	6254.69	87.46

续表

省域	课题（项）	著作（部）	论文（篇）	获奖成果（项）
西藏	161.31	19.69	281.15	2.92
陕西	5082.23	669.92	9760.77	100.38
甘肃	1995.23	332.69	4741.85	89.77
青海	194.54	34.77	824.54	12.92
宁夏	562.31	51.85	1098.38	19.38
新疆	1198.00	124.00	3298.62	31.92
合计	158449.31	24716.15	272942.15	3616.31

　　表3—5是2001—2013年我国省域高等学校人文社科研究产出年度平均数。整体上看，年度平均立项课题数超过9000项的有北京、上海、江苏、浙江和广东，低于1200项的有海南、西藏、青海、宁夏和新疆。具体计算各个省域的立项数环比增长率，基本都在18%上下，每个省域的年度增幅都非常明显。社科著作年度平均数超过1400部的有北京、辽宁、江苏、上海和湖北，低于150部的有西藏、青海、宁夏和新疆。与总量相一致的是，省域年度平均增长率也相对较低，除了海南、西藏、贵州和青海等起点较低的四个省域超过10%。学术论文年度平均数超过16000篇的有北京、上海、江苏、湖北和广东，低于2000篇的有海南、西藏、青海和宁夏。而年度平均增长率高于10%的省域有海南、贵州和西藏。这和社科著作年度增长率的幅度大致相当。具体到获奖成果，排在前五位的是山东、江苏、浙江、河南和上海，后五位的是新疆、宁夏、海南、青海和西藏，很多省域获奖成果数在12年间没有增长反倒下降了，与上一部分的分析结论基本一致。总而言之，我国高等学校人文社科研究产出具有明显的省域差异，经济发达和高等学校集中的地区远远超过落后地区，但基数较低省域的增长率相对较高，说明差距虽在一定范围内缩小，但仍十分明显。

第五节　小结

　　本章对我国高等学校自然科学、人文社科研究投入产出及其变动趋势和省域差异进行分析，得出了如下结论。

第一，2001—2013 年，我国高等学校自然科学研究投入研发经费、研发人员、人均研发经费均处于不断增长当中，研发经费投入增长远超人员的增长；同时各项科研产出也处于不断上升当中，其中专利授权数的增速最快，远远超过科技课题、学术论文和科技著作的增长速度。省域自然科学研究投入产出差异较大。

第二，2001—2013 年，我国高等学校人文社科研发投入经费及其内部支出的增长较快，累计增长幅度较大。同时，研发人员、研发人员折合全时人员都处于不断的上升当中。研发经费的增长率远远超过同期人员的增长。省域高等学校人文社科研发经费和人力投入也在不断增加，但具有显著的省域差异，地理位置优越、经济较为发达、高等教育科研规模大的省域高于其他地区。

第三，2001—2013 年，高等学校人文社科研究产出中课题数增速较快，年度平均增长率达到 18.46%。近年来，学术论文的增长势头明显放缓，甚至出现了一定程度的下降。同期，社科著作增速较慢、总量增长非常平稳，获奖成果数变动起伏较大，先下降后上升再下降再上升，12年间累计呈下降趋势。高等学校人文社科研究产出呈现出明显的省域差异，与前两部分的结论基本一致。

第四章　教育部直属高校人文社科研究活动及其评价

在全方位关注和持续增量投入背景下，人文社科研究获得了前所未有的机遇和挑战。本章对教育部直属高校人文社科研究活动基本情况、发展变动规律及趋势、科研效率评价方法及基本应用，进行了深入探讨和分析。

第一节　教育部直属高校人文社科研究活动概述

从数量上讲，教育部直属高校占我国普通高等学校数的 3% 左右，招生规模没有超过全国高校招生总数的 5%。但回顾教育部直属高校的历史演变，不难发现这些学校基本都是我国的重点高校，75 所高校中只有 2 所艺术类学校不属于"985 工程"或"211 工程"建设大学。本节对其人文社科研究活动进行简单介绍。所有相关数据都来源于教育部社科司编写的 2004—2013 年全国高校社科统计资料汇编，并且按照年度综合、高校类型或区域的顺序进行对比分析和趋势分析。

一　不同年份教育部直属高校人文社科研究投入产出分析

表 4—1 是教育部直属高校 2004—2013 年科研活动投入产出总量规模，指标的含义与前两章相关指标的解释相同。其中前两项为人员投入，第三项为经费投入。第四项课题数存在争议，部分学者认为是科研产出，另一种观点是科研投入，因为课题既是一段时间科研活动积累的成果也是进一步科研活动的基础。第五到八项都属于科研产出。随着时间的推

表 4—1　　　　教育部直属高校人文社科研究投入产出：2004—2013

年份	社科活动人员（人）	研发人员折合全时人员（人年）	研发经费当年内部支出（百元）	课题（项）	著作（部）	论文合计（篇）	国外论文（篇）	获奖成果（项）
2004	55277	6771	7454847.72	25172	8203	57664	1441	1096
2005	54553	10730	10471966.00	30024	8727	60761	1594	913
2006	56967	10982	13054266.53	37000	8762	64993	1949	1282
2007	58235	11279	15441413.45	42515	8757	66796	2098	638
2008	58715	11610	19477843.01	48322	9097	70932	2519	802
2009	59906	12131	24177229.49	53425	8907	71082	2493	1211
2010	60708	16982.5	28373745.28	63042	8356	73094	3241	890
2011	60983	17859	35723764.14	73565	7768	72675	4216	802
2012	61043	18930	39975640.79	78475	7553	68978	4370	881
2013	61568	19448	40764949.20	81796	7582	69046	4827	1233

移，社科活动人员、论文总数、获奖成果数增速缓慢，出版著作数甚至有一定程度的下降。增长比较迅速的有研发人员折合全时人员、研发经费当年内部支出、课题数和国外发表论文数，2013 年与 2004 年相比增幅都在近 200% 或者以上。与我国高校（整体）相似的是，教育部直属高校人文社科研究活动投入产出变动幅度和方向基本一致。

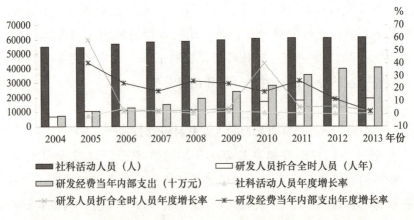

图 4—1　教育部直属高校人文社科研发人员、经费投入及增长率

图 4—1 是教育部直属高校人文社科人员和经费投入及其增长率变动情况。可见，2004—2013 年教育部直属高校社科活动人员增长缓慢，年度增长率都没有超过 5%，累计增幅为 11.38%。研发人员折合全时人员从最初的 6771 人年增加到 19448 人年，整体的增长势头是较为明显的，累计增长幅度为 187.22%，年度平均增长幅度为 12.44%。但每年的增长率是不稳定的，波动非常剧烈，2005 年和 2010 年尤甚，其他年份增长率都在 2%—6% 之间变动。研发经费当年内部支出的增长幅度最大、持续而稳定，从最初的 7.45 亿元增长到 2013 年的 40.76 亿元，年度平均增长率为 20.78%。但最近两年的增长率有显著下降趋势，说明人文社科研发经费在增长到一定程度后增速放缓。

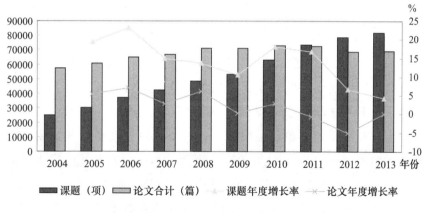

图 4—2　教育部直属高校人文社科研究课题、论文数量及增长率

图 4—2 是教育部直属高校人文社科研究课题立项数、论文发表数及其增长率变动情况。可以看出，课题立项数从 25172 项增长到 81796 项，年度增长率从最初的 20% 上下降低到 5% 左右，持续增长一直存在但增幅下降，年度平均增长率为 13.99%，整体保持了较快增长但近期有所趋缓。2004—2013 年，论文发表数从 57664 篇增长到 69046 篇，但这个增长不是持续的，实际在 2010 年达到顶峰之后有所下降。论文的年度增长率从 5% 左右下降到 0 附近，甚至低于 0。这一数字和高校整体发表论文数的变动基本一致，说明论文发表总量不再是很多高校和科研人员追逐

的目标，反而更加重视论文的质量，以量取胜的年代已经过去，特别是在教育部直属高校等重点大学里更为明显。

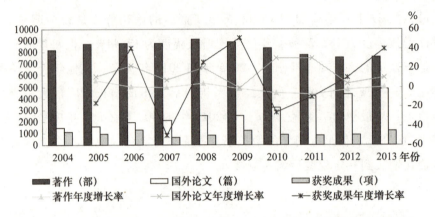

图4—3　教育部直属高校人文社科研究著作、国外论文、获奖成果数及增长率

　　图4—3是教育部直属高校人文社科研究著作、国外论文、获奖成果产出及其增长率变动情况。显而易见，国外论文发表数增长势头是最为明显的，从1441篇增长到4827篇，年度平均增长率为14.38%，且这种增长势头没有放缓的迹象。说明随着各所高校对论文质量的高要求，很多教师对发表国外的SSCI检索等论文更为重视。学术专著的发表数经历了缓慢增长后降低的趋势，从8203部降低到7582部，但每年的变动幅度都不太剧烈。理论上讲，著作的出版难度并没有高水平论文大，但其前期投入精力多、出版费用高、出版周期长，绩效考核和职称评聘认可度等有下降趋势，这些原因共同导致很多教师出版专著的热情降低。2004—2013年，获奖成果的增减变动幅度是最大的，不断处于增长—降低—增长—降低—增长的过程中，这与我国各级各类社科评奖部门对奖项总数的控制有直接关系，同时反映了即便是教育部直属高校，获得高水平人文社科奖励的难度也很大。

　　二　2013年不同学科类别/区域教育部直属高校人文社科研究活动对比
　　表4—2是2013年不同类型教育部直属高校人文社科研究投入产出平均值。其中，财经类、师范类、政法类和综合类高校人力和经费投入较

表 4—2　　2013 年不同类别教育部直属高校人文社科研究投入产出平均值

高校类别	社科活动人员（人）	研发人员折合全时人员（人年）	研发经费当年内部支出（百元）	课题（项）	著作（部）	论文合计（篇）	国外论文（篇）	获奖成果（项）
财经类	1054.20	316.00	583306.50	1232.60	108.40	921.40	85.60	20.20
理工类	564.63	144.85	282493.86	622.67	43.52	480.52	35.15	5.81
农林类	483.00	121.47	231873.25	497.00	26.83	384.50	14.50	3.17
师范类	1199.80	473.90	975253.86	1706.40	237.80	1929.80	95.00	35.40
医药类	217.50	28.50	32227.43	89.50	8.00	144.50	1.00	0.00
艺术类	596.50	54.10	138394.86	351.00	65.00	372.25	7.00	1.75
语言类	745.33	145.17	248398.95	510.67	92.33	693.67	50.33	3.67
政法类	963.00	430.40	748377.74	1846.00	162.00	1124.00	108.00	17.00
综合类	1187.95	441.80	992816.58	1924.82	172.73	1569.36	118.14	33.82

多，师范类和综合类投入尤其巨大，社科活动人员的平均投入达到1199.80人和1187.95人，研发经费当年内部支出平均达到9752.5386万元和9928.1658万元。主要原因在于，我国综合类高校大多数是以某某大学命名的著名学府，自然科学和人文社科专业门类齐全、教师数量多且质量高，经费和人员投入都排在所有高校的前列；师范类高校自从新中国成立以来便得到国家的高度重视，出于培养专业教师的需要各种专业设置齐全，人文社科研究投入较多。财经类和政法类高校专业设置大多与人文社科直接相关，但整个学校的规模难以和综合类、师范类相比。与之相对应，这几类高校的各类科研产出也较多。医药类、艺术类高校人文社科研究投入产出规模都相对较小，主要原因是医药类高校主要专业领域与人文社科研究无关，相关专任教师和科研人员更为稀缺；艺术类高校主要是音乐、美术等专业，这些高校的教学科研活动有自身的特点，可量化的科研产出较少。语言类和农林类高校介于两大类高校之间，人文社科研究投入产出居于中等。

表4—3　2013年不同区域教育部直属高校人文社科研究投入产出校际平均值

高校区域	社科活动人员（人）	研发人员折合全时人员（人年）	研发经费当年内部支出（百元）	课题（项）	著作（部）	论文合计（篇）	国外论文（篇）	获奖成果（项）
东部	772.46	245.53	570114.45	1075.28	109.74	938.84	71.90	16.56
西部	816.33	263.35	454931.87	965.83	77.58	866.83	70.92	12.67
中部	1011.46	308.58	523080.33	1264.77	89.54	900.15	29.31	19.46

表4—3是2013年不同区域教育部直属高校人文社科研究投入产出校际平均值。东部、中部、西部的划分与表2—4的注释相同。可见，三个区域高校人文社科投入产出平均值差异不大。社科活动人员和研发人员折合全时人员是中部高于东部和西部，而研发经费当年内部支出是东部高于中部和西部。科研产出中，三个区域各有优势，没有必然的规律。这说明，中西部教育部直属高校数量虽少，但很多都是历史悠久、成规模的知名高校，比如西安交通大学、四川大学、武汉大学等，校际平均值在三个区域中并不占劣势。随着我国西部大开发的推进和各类基金项目、经费投入对中西部高校的适度倾斜，不同区域教育部直属高校的整体协调发展是必然趋势。

三　教育部直属高校人文社科研究活动年度平均值分析

表4—4　　　教育部直属高校人文社科研究投入年度平均值前十位

名次	高校名称	社科活动人员（人）	高校名称	研发人员折合全时人员（人年）	高校名称	研发经费当年内部支出（百元）
1	山东大学	1861.20	南开大学	698.08	浙江大学	1572661.54
2	吉林大学	1780.70	复旦大学	601.26	北京大学	1396021.20
3	中国人民大学	1739.20	武汉大学	573.58	清华大学	1347395.56
4	四川大学	1588.50	华东师范大学	567.49	中山大学	1190129.85
5	北京大学	1508.30	西南大学	512.91	中国人民大学	985272.46
6	武汉大学	1449.30	中山大学	478.34	华东师范大学	950269.38
7	厦门大学	1402.90	中国人民大学	477.31	武汉大学	860585.09

续表

名次	高校名称	社科活动人员（人）	高校名称	研发人员折合全时人员（人年）	高校名称	研发经费当年内部支出（百元）
8	西南大学	1400.40	北京大学	471.01	四川大学	778443.08
9	华东师范大学	1380.60	厦门大学	391.11	复旦大学	729783.09
10	浙江大学	1301.70	湖南大学	384.20	北京师范大学	720688.96

　　限于篇幅，本书不再把所有教育部直属高校人文社科研究投入产出的年度平均值一一列出。表4—4是人力和经费投入平均值前十名的高校。社科活动人员最多的高校依次是山东大学、吉林大学等，均超过1300人，这些高校大多同时是我国的"985工程"、"211工程"建设高校，在招生数量、师资力量、科研规模上均属于航母级别的高校，还具有较深远的社会影响力。研发人员折合全时人员投入位居前列的有南开大学、复旦大学等高校，从698.08人年到384.20人年。研发经费当年内部支出投入最多的有浙江大学、北京大学等高校，从1.57266154亿元到0.72068896亿元不等。而科研投入排在最后的多是北京中医药大学、中国药科大学、中国矿业大学（北京）等以自然科学为主的高校，这些高校的人文社科研究力量本来就薄弱，而且因为学科领域的限制短期内难以改变。

　　表4—5是教育部直属高校人文社科研究产出排在前列的高校。课题数最多的是浙江大学、复旦大学等，年均超过2000项。著作数最多的是中国人民大学、华东师范大学等，年均超过350部，当然学术著作的数量受学校认可度的直接影响，认可度高的学校出版数相对较多，反之亦然。论文发表平均数最多的高校有华东师范大学、中国人民大学等，从3679.70篇到2839.50篇。而国外论文数最多的是中国人民大学、北京大学等，获奖成果平均数最高的有厦门大学和复旦大学等，这两项科研产出的难度远远高于发表普通学术论文。所有人文社科科研产出高的学校均投入相对较高且属于有知名度的高校。与上一部分情况一致，科研产出少的高校多数是人文社科相关学科非本校重点的学校。

表4—5　　　　　　教育部直属高校人文社科研究产出年度平均值前五位

课题（项）	浙江大学	复旦大学	中国人民大学	华东师范大学	武汉大学
	3181.00	2525.80	2218.80	2063.10	2059.40
著作（部）	中国人民大学	华东师范大学	北京师范大学	北京大学	武汉大学
	510.50	489.20	409.60	401.00	350.90
论文合计（篇）	华东师范大学	中国人民大学	武汉大学	复旦大学	北京师范大学
	3679.70	3613.00	3043.30	2917.60	2839.50
国外论文（篇）	中国人民大学	北京大学	厦门大学	复旦大学	清华大学
	196.90	178.70	175.20	172.50	162.30
获奖成果（项）	厦门大学	复旦大学	南开大学	吉林大学	浙江大学
	79.00	62.70	44.00	43.90	42.40

第二节　高等学校科研评价概述

高等学校是建设创新型国家的核心支柱和重要力量，科学合理的科研评价是高校科研管理和质量提升的必经之路，有助于高等教育资源的合理配置和对高等学校办学行为进行积极指导。在此背景下，高等学校科研评价制度改革势在必行。

一　高等教育/高等学校评价概述

科研评价是学术研究的衍生物，起源于20世纪初的美国。其后欧洲高等教育比较发达的国家和日本也开始进行科研评价活动。评价机构有政府、高校和科研院所、社会组织，具体评价方法以同行评议为主，文献计量和指标分析为辅，定性和定量相结合[①]。

20世纪80年代以来，科研评价特别是高等学校科研评价逐渐引起我国有关部门的重视，开启了其漫长的实践和探索之路。主要包括：（1）学科评估。教育部学位与研究生教育发展中心对具有研究生培养和学位授予资格的一级学科进行的整体性、综合性水平评估。该评估遵循

---

① 徐昌和：《中美学校评价比较研究：组织、标准与实施》，博士学位论文，华东师范大学，2014年。

自愿原则，将主观和客观评价相结合，对我国人文社科类、理学、工学、农学、医学、管理学、艺术学等学科大类下属的一级学科进行评估。第一轮学科评估于 2002—2004 年完成。最近的 2012 年学科评估结果已于 2013 年发布。在研究生和本科生选择学校和填报志愿时具有一定的指导意义。（2）社会组织评价。比如，上海交通大学世界一流大学研究中心的世界大学学术排名、武书连大学综合实力排行榜（其中的科学研究部分划分自然科学研究和社会科学研究分别打分）、武书连中国大学研究生院排行榜、艾瑞深中国校友会网的中国大学评价研究报告和中国大学研究生教育评价报告、中央教育科学研究所高等教育研究中心的中国高等学校绩效评价报告等。（3）研究人员评价。主要形式有发表论文和出版专著，包括对高校整体、教学或者科研活动、高校教师等进行的综合质量评价或者绩效/效率评价。综合评价一般是通过设置指标体系，专家或者软件赋予权重进行评价，会产生注重绝对规模和总量的不利结果。而产出与投入综合对比的科研绩效/效率评价有助于解决这个问题。（4）高校自身评价。很多高等学校对校内院系、专业、学科、教师、研究生等进行科研评价，目的是促进科研活动发展和整体绩效/效率提升。在对高校教师进行岗位绩效考核和职称评聘时，科研成果的质量和数量是关键因素，但如何确定科学合理的评价方法，目前仍有争议，每个学校的做法均有不同。

《教育部关于深化高等学校科技评价改革的意见》指出，目前我国高等学校科研评价的主要不足在于：过分看重数量而忽视质量、较为重视形式而轻内容、考核时间重短期轻长期；评价指标、评价标准和评价方法简单且单一、评价结果具有功利性；科研成果支撑教学和创新人才培养导向不足；等等[①]。这种不利的科研评价会造成科研活动存在一定程度的急功近利、浮躁浮夸等现象。2014 年 9 月，教育部办公厅发布《关于开展高等学校科技评价改革试点的通知》，要求各地高校试点科研人员分类评价改革、平台基地和团队绩效评价改革、协同创新中心综合评价及

---

① 中华人民共和国教育部，http://www.moe.edu.cn/publicfiles/business/htmlfiles/moe/moe_784/201312/160920.html。

其区域高校科技评价改革等①。显而易见，科研评价的深度和广度都在扩大和深化，在这样的大环境下，采用各种科学合理的方法进行高等学校科研评价是大势所趋。

二　科研评价方法及其应用

（一）同行评议法、专家调查法等定性评价方法

定性评价法与定量评价法相对，主要指不通过数据的处理和分析，而是根据被评价对象的基本情况、表现和状态，由专业人士依靠自身丰富实践经验和主观判断能力，对其评定等级或者分值同时推断事物发展规律的方法。同行评议可追溯到 17 世纪，英文表述为"peer review"，最初是请同行专家审定文章水平是否达到发表标准。同行评议强调的是匿名和专业独立的判断，具体形式有单隐、双隐和公开评议②。几百年过去了，同行评议的核心思想并没有发生改变，但其评议对象范围扩大到了基金项目、学位与职称、各类出版物和科研成果、教师的录用和晋升、研究机构运作等。专家调查法又称之为德尔斐法，这种方法的本质是反馈匿名函询。基本步骤包括向专家发放问卷、收回问卷并分析答案是否一致、整理问卷并对问题进行归类评价修改后继续发放，周而复始调查多轮，最终专家意见趋于一致调查结束③。整个过程中要求所有专家之间互相不见面，始终匿名。

（二）h 指数、g 指数等新型文献计量法

文献计量法是通过数学和统计等各种方法，对文献本身及其作者、引用数、词汇量等进行的综合分析。h 指数是美国科学家赫希（Hirsch）在 2005 年提出的，其中"h"指高被引次数，比如 h 指数为 15 说明某学者被引用 15 次及以上的论文不少于 15 篇。h 指数的高低与论文的影响力

---

① 中华人民共和国教育部，http://www.moe.edu.cn/publicfiles/business/htmlfiles/moe/s5972/201409/175572.html。

② 杜向民、樊建强：《人文社科类学术成果同行评议的指标体系及权重分配》，《中国高教研究》2015 年第 1 期。

③ 刘学毅：《德尔菲法在交叉学科研究评价中的运用》，《西南交通大学学报》（社会科学版）2007 年第 2 期。

成正比①②。g 指数是埃格赫（Egghe）在 2006 年提出的 h 指数的衍生指数，它是将某学者的论文按被引用次数排列顺序，将顺序序号平方并将被引次数依次加总，当序号平方等于或接近于累计被引次数时，这个序号就被定义为 g 指数③④。这两种指数还存在一定的问题，但仍然是对传统文献计量法的改进。

（三）软系统方法

软系统方法的"软"是与"硬"对应的，硬方法主要以专业技术手段为解决途径。软系统方法于 20 世纪 80 年代被提出，基本思想是通过反复试错比较理论与现实，最终优化和完善系统，主要解决包括大量社会、政治、人为因素的问题。基本观点是任何系统都可通过产出、效果和效率三方面进行监控，评价这三方面时需考虑内部结构、外部环境和运行机制。这种方法作为一个认知系统具有很好的逻辑分析步骤，可用来进行科研评价特别是人文社会科学科研评价⑤⑥。

（四）综合评价法

综合评价法是运用多个指标构建完整体系并由一定方法确定权重，对多个评价单位进行全方位评价和对比分析。比如教师科研能力、博士生学术水平等都可采用这种方法进行评价/评估。很多具体方法只是在权重赋予上的不同。

1. 因子分析和主成分分析。

原始指标/变量之间容易有一定的相关关系，提供的信息互相重叠，此时可用这两种方法解决。因子分析的基本原理是通过几个公共因子描述多个指标或者变量之间的联系，即将有密切联系的几个指标归为一个

①　王会杰：《评价科学成就的新指标——h 指数的研究状况分析》，硕士学位论文，河南师范大学，2014 年。

②　刘银华：《h 指数评价期刊的有效性分析》，《情报理论与实践》2007 年第 6 期。

③　彭爱东、于倩倩：《h 指数、g 指数和累积影响因子在期刊评价中的相关性研究——以综合性社科期刊为例》，《情报科学》2012 年第 11 期。

④　丁楠、潘有能：《h 指数和 g 指数评价实证研究——基于 CSSCI 的统计分析》，《图书与情报》2008 年第 2 期。

⑤　李中才：《基于软系统方法的区域生态安全评价方法的研究》，《科技管理研究》2012 年第 1 期。

⑥　任静怡：《软系统方法框架下交通情景描述的研究与应用》，硕士学位论文，北京交通大学，2011 年。

因子，少数因子替代或者反映原来多个指标的信息①。因子分析法是一种应用范围很广泛的方法，在知网中每年都有很多文章采用因子分析法进行评价。主成分分析是对于指标数量较多的原始指标体系，将重复的或关系密切的指标/变量去除，通过线性变换建立新的数量较少的指标体系，反映尽可能多的原始信息，并保证新指标之间互不相关②③。这两种方法都由系统根据数据自动赋予权重，具有客观性。

2. 模糊综合评价法。

现实生活中有很多边界不明确的模糊现象，模糊数学就是来研究模糊现象的。而模糊综合评价法是在模糊数学隶属度理论基础上，将定性的评价转化为定量评价，最终对客观现象或者事物进行综合评判。其基本步骤包括：确定评价对象的因素集；建立评价对象的评语集；由德尔斐法或层次分析法等赋予指标权重；单因素模糊评价和多因素综合评价④⑤。这种方法操作简单、步骤明确、结果清晰、系统性强，能很好地解决非确定性、量化困难的问题。

3. 熵权法。

"熵"最初是热力学中来表征物质状态的，反映热量转化为功的程度。原理是：利用"熵"来度量系统的无序程度，该指标携带的信息熵越小，即变异程度越大，该指标提供的信息量就越大，相应的权重和对最终评价结果的影响程度应该越大。基本步骤包括：原始数据标准化；计算指标值占的比重；计算信息熵值；确定指标权重；计算综合评价值⑥⑦。这种方法的优点在于是一种客观赋权方法，可剔除掉对评价结果

---

① 林海明：《因子分析模型的改进与应用》，《数理统计与管理》2009 年第 6 期。

② 陈佩：《主成分分析法研究及其在特征提取中的应用》，硕士学位论文，陕西师范大学，2014 年。

③ 林海明、杜子芳：《主成分分析综合评价应该注意的问题》，《统计研究》2013 年第 8 期。

④ 张立业：《基于随机过程的桥梁系统可靠性及其模糊综合评价研究》，博士学位论文，吉林大学，2013 年。

⑤ 罗艳：《模糊综合评价法在高校双语教学评价中的应用研究》，硕士学位论文，中南大学，2013 年。

⑥ 章穗、张梅、迟国泰：《基于熵权法的科学技术评价模型及其实证研究》，《管理学报》2010 年第 1 期。

⑦ 符蕾：《基于熵权法的旅游公路景观评价体系研究》，硕士学位论文，重庆交通大学，2014 年。

影响不大的指标。

4. 层次分析法和网络层次分析法。

层次分析法是一种定性和定量分析相结合的决策方法，常常和其他方法相结合来确定指标权重。这种方法先建立递阶层次结构，再由专家比较指标相对重要性程度来构造判断矩阵，最后计算备选指标/元素的权重[1][2]。网络层次分析法是对层次分析法的改进和发展，同样是一种实用的决策方法。因为很多决策问题的系统元素是网络结构形式，所以通过递阶层次结构无法解决此类问题。网络层次分析法的系统模型由控制层和网络层两部分组成[3]。元素之间的网络关系可以是内部独立或者相互依存的。基本步骤为：构造网络层次分析法的典型结构，系统中的元素之间都可能互相影响和支配其他元素；构造超矩阵来计算权重。

5. 灰色综合评价法。

"灰"与"黑"、"白"对应，"黑"表示信息完全未知，"白"表示信息完全透明，"灰"介于两者之间，表示信息部分明确、部分不确定。1982 年我国的邓聚龙教授提出灰色系统和灰色关联度。在系统发展变动的过程中，若两个因素发展变化的趋势具有同步性和一致性，那就是关联程度高，反之亦然[4][5]。因素之间的相似或者差异程度即灰色关联度。基于此概念可进行灰色综合评价，基本步骤为：确定最优指标集；将指标进行规范化处理；根据灰色系统理论计算指标间的关联度；对比得出综合评判结果。

6. 最优距离法。

最优距离法是一种直观有效的多属性决策方法，又称之为 TOPSIS

---

① 郭金玉、张忠彬、孙庆云：《层次分析法的研究与应用》，《中国安全科学学报》2008 年第 5 期。

② 邓雪、李家铭、曾浩健等：《层次分析法权重计算方法分析及其应用研究》，《数学的实践与认识》2012 年第 7 期。

③ 岳意定、刘莉君：《基于网络层次分析法的农村土地流转经济绩效评价》，《中国农村经济》2010 年第 8 期。

④ 穆瑞、张家泰：《基于灰色关联分析的层次综合评价》，《系统工程理论与实践》2008 年第 10 期。

⑤ 李晓津、司倩、邓戬：《国内外航空公司经营效绩的灰色综合评价》，《系统科学学报》2014 年第 1 期。

（Technique for Order Preference by Similarity to Ideal Solution）方法。基本原理为：通过测算研究对象的最优解和最劣解间的距离来排列顺序，最好的结果是离最优解很近同时远离最劣解；否则就相对较差。基本步骤为：建立初始化决策矩阵并进行规范化；计算最优解和最劣解（又称之为正理想解和负理想解）；测算评价对象与两个最优解和最劣解之间的距离并排序；根据排序结果进行综合评判[1][2]。这种方法可选择是否加入评价者个人的主观偏好来进行测算。

7. 人工神经网络评价。

19 世纪末，在生物学领域出现了神经元学说，即大脑复杂的神经系统由数量繁多的神经元组成。作为基于神经元的数学模型，人工神经网络由处理单元及连接的无向信号通道互连而成，旨在对人脑系统进行简化和模拟。基本原理为：将基础指标的属性值作为输入向量，将综合评价结果作为输出值；利用多个样本来训练这个网络，网络经过自适应学习会得到一定的权系数值；训练好的人工神经网络可进行综合评价[3][4]。截止到目前，已经有数百种人工神经网络的模型，其中 BP 神经网络应用最为广泛。

（五）投入产出视角下的科研效率和全要素生产率评价

上述所有科研评价方法都是整体或者综合评价，是对单位/个人/区域科研活动的水平、效果、质量等进行的全方位评估。在这些评价方法下，历史悠久、科研规模大、投入产出高的大学理所当然地名列前茅。即便它们没有努力，凭借多年来的积累也可以稳居高位。但在目前高等教育整体资源仍然有限的背景下，合理有效地分配资源是重中之重。只有将资源分配给效率更高的单位，才可以促进整体的绩效提升和长远发展。科研效率和全要素生产率评价，分别从静态和动态角度测算和分析研究对象的科研活动，充分考虑其投入产出特点，是到目前为

---

① 周亚：《多属性决策中的 TOPSIS 法研究》，硕士学位论文，武汉理工大学，2009 年。

② 楼文高、王广雷、冯国珍：《旅游安全预警 TOPSIS 评价研究及其应用》，《旅游学刊》2013 年第 4 期。

③ 张治国：《人工神经网络及其在地学中的应用研究》，博士学位论文，吉林大学，2006 年。

④ 时慧焯：《基于人工神经网络的注塑成型翘曲优化方法》，博士学位论文，大连理工大学，2012 年。

止最适合高校科学研究的评价方法。

第三节　科研效率和全要素生产率评价方法概述

效率的基本含义，一是单位时间内完成的工作量，一是有效利用社会资源以满足人类的愿望和需要。经济学中的效率是产出与投入的对比。科研效率可将双重含义结合起来，即单位投入的产出（产出与投入的综合对比），同时需要满足社会各界对高校科研活动的期望和需求。而科研活动全要素生产率即各类科研产出增长率超出科研投入增长率的部分，其来源有技术进步和生产创新等，并通过生产率的分解分析其变动的原因和趋势。

一　科研效率评价方法概述

科研效率经典评价方法包括随机前沿分析（SFA）和前文提到过的数据包络分析（DEA）方法，两者都通过构造生产前沿面来计算技术效率。

（一）DEA 基本模型和超效率模型

数据包络分析方法是典型的非参数方法，它本质上是线性规划。1978 年，著名运筹学家查理斯（Charnes）和库柏（Cooper）等学者提出这种方法，将其应用于多投入/多产出部门的相对有效性评价。研究部门/决策单元用 DMU（Decision Making Unit）来表示，每个决策单元需具有可比性。DEA 方法有两个基本模型——C^2R 模型和 BC^2 模型，分别用来测算技术效率（Technical Efficiency，TE）和纯技术效率（Pure Technical Efficiency，PTE）[1][2]。对被分析或者评价的每一个决策单元 DMU_{j_0}，$j_0 \in \{1, 2, \cdots, n\}$，DEA 的基本模型 C^2R 是：

---

① Ahn T., Charnes A., Cooper W. W., "Some Statistical and DEA Evaluations of Relative Efficiencies of Public and Private Institutions of Higher Learning", *Socio-Economic Planning Sciences*, Vol. 22, No. 6, 1988.

② Banker R. D., Charnes A., Cooper W. W., "Some Models for Estimating Technical and Scale Inefficiency in Data Envelopment Analysis", *Management Science*, Vol. 30, No. 9, 1984.

$$\max h_{j_0} = \frac{\sum_{r=1}^{s} u_r y_{rj_0}}{\sum_{i=1}^{m} v_i x_{ij_0}}$$

$$s.t. \quad \frac{\sum_{r=1}^{s} u_r y_{rj}}{\sum_{i=1}^{m} v_i x_{ij}} \leqslant 1, \quad j = 1, 2, \cdots, n \qquad (4—1)$$

$$u \geqslant 0, v \geqslant 0, x_{ij} \geqslant 0, y_{rj} \geqslant 0$$

其中：h_{j_0} 表示第 j_0 个决策单元的效率；x_{ij_0} 表示 j_0 单元第 i 种投入量；y_{rj_0} 表示 j_0 单元第 r 种产出量；v_i 表示对第 i 种投入的权系数；u_r 表示对第 r 种产出的权系数。

为了方便计算和判断，将上面的基本模型转化为对偶模型，并根据对偶模型的最优解判定 DMU 是否技术或者规模有效。BC^2 模型是在 C^2R 模型基础上的一种变换——加上一个数据的限制，可计算出决策单元的纯技术效率。技术效率除以纯技术效率，即可得到 DMU 的规模效率。3 个效率值的范围都在 0 和 1 之间，越接近于 1 越有效。如果是 1 的话就意味着完全技术、纯技术、规模有效。指标具体含义如图 4—4 所示。

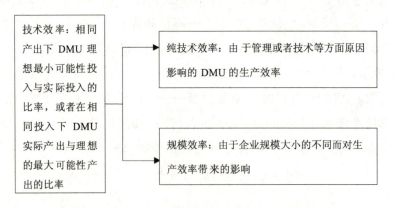

图 4—4　技术效率、纯技术效率和规模效率基本含义

因 C^2R 模型及在此基础上提出的 BC^2 模型等计算出的 DMU 效率值均小于或等于 1，因此对多个决策单元都有效（效率值为 1）的情况无法进

一步比较。这就相当于排列名次时有多个第一名，难以区分。为此，安德森（Andersen）和彼德森（Petersen）① 提出超效率 DEA 模型（Super Efficiency DEA，SE - DEA），计算出的效率值可以超过 1，即可对所有有效的决策单元进行排序并分析。大量学者采用 DEA 基本模型和超效率模型评价高等学校科研效率②，见本书的其他章节，此处从略。

（二）SFA 基本模型

1957 年，法瑞尔（Farrell）③ 首创前沿效率分析方法，这种方法根据已知的一系列投入产出观察值，定义并构造最佳效率前沿面，通过比较决策单元与效率前沿面的距离测算出评价对象的技术效率。根据是否需要估计前沿生产函数的参数，又可分为参数法和非参数法两类。DEA 属于非参数方法，而 SFA 属于参数法。

1977 年，艾格纳（Aigner）等④、米森（Meeusen）和伯洛克（Broeck）⑤ 分别独立提出随机前沿模型。随后，乔德鲁（Jondrow）等⑥、昆芭卡（Kumbhakar）⑦、贝泰斯（Battese）和科埃利（Coelli）⑧⑨ 等学者对其不断研究和拓展，从最初仅能处理截面数据到可以处理面板数据并直接分析影响因素，应用范围也延伸到产业/企业/行业、区域经济、公共支出、高等教育等层面。

---

①　Andersen P. , Petersen N. C. , "A Procedure for Ranking Efficient Units in Data Envelopment Analysis", *Management Science*, Vol. 39, No. 10, 1993.

②　朱尧：《基于超效率 DEA 的煤炭上市公司债务融资效率研究》，硕士学位论文，湖南大学，2013 年。

③　Farrell M. J. , "The Measurement of Productive Efficiency", *Journal of the Royal Statistical Society*, Vol. 120, No. 3, 1957.

④　Aigner D. , Lovell C. A. K. , Schmidt P, "Formulation and Estimation of Stochastic Frontier Production Function Models", *Journal of Econometrics*, Vol. 6, No. 1, 1977.

⑤　Meeusen W. , Broeck J. V. D. , "Efficiency Estimation from Cobb-Douglas Production Functions with Composed Error", *International Economic Review*, Vol. 18, No. 2, 1977.

⑥　Jondrow J. , Lovell C. A. K. , Materov I S, et al, "On the Estimation of Technical Inefficiency in the Stochastic Frontier Production Function Model", *Journal of Econometrics*, Vol. 19, No. 2-3, 1982.

⑦　Kumbhakar S. C. , "Production Frontiers, Panel Data, and Time-varying Technical Inefficiency", *Journal of Econometrics*, Vol. 46, No. 1-2, 1990.

⑧　Battese G. E. , Coelli T. J. , "Frontier Production Functions, Technical Efficiency and Panel Data: With Application to Paddy Farmers in India", *Journal of Productivity Analysis*, Vol. 3, No. 1-2, 1992.

⑨　Battese G. E. , Coelli T. J. , "A Model for Technical Inefficiency Effects in a Stochastic Frontier Production Function for Panel Data", *Empirical Economics*, Vol. 20, No. 2, 1995.

随机前沿模型的主要组成部分是随机前沿生产函数，常见形式有柯布—道格拉斯生产函数和超越对数生产函数，前者假定技术中性和产出弹性是固定的，后者具有更广的适用性和灵活性。为了避免误设函数导致错误结论的风险，此处分别以高校科研活动为例对两种生产函数进行介绍。根据贝泰斯和科埃利 1995 年建立的模型，还可以通过设定无效率项函数，一步估计出环境因素对科研效率的影响情况。

基本形式如下：

$$\ln Y_{it} = \beta_0 + \beta_1 (\ln L_{it}) + \beta_2 (\ln K_{it}) + v_{it} - u_{it} \tag{4—2}$$

$$\ln Y_{it} = \beta_0 + \beta_1 (\ln L_{it}) + \beta_2 (\ln K_{it}) + \beta_3 (\ln L_{it})^2 + \beta_4 (\ln K_{it})^2$$
$$+ \beta_5 (\ln L_{it})(\ln K_{it}) + v_{it} - u_{it} \tag{4—3}$$

其中：i 表示不同决策单元（高校），t 表示年份，Y_{it} 为第 i 个高校第 t 年的科研产出；L 表示科研活动人员投入；K 表示科研活动经费投入；β_0 和 β_1 分别为科研人员投入和经费投入的产出弹性；v_{it} 表示测量误差等随机扰动的影响，u_{it} 表示科研活动中的无效率项，两者相互独立。

可通过 γ 值的大小对随机前沿模型设定是否合理进行检验，$\gamma = \dfrac{\sigma_u^2}{\sigma_u^2 + \sigma_v^2}$，$0 \leqslant \gamma \leqslant 1$，$\gamma$ 越接近 1，表明前沿生产函数的误差项主要来自无效率项 u，需要采用 SFA 方法进行估计；γ 越接近 0，表明实际产出与可能最大产出的差距主要来自不可控因素 v，用普通最小二乘法 OLS 即可实现对生产函数的估计。

随机前沿分析法在高等学校效率评价领域的应用不太广泛。主要包括：2008 年，霍恩（Horne）和胡（Hu）[1] 采用 SFA 方法对澳大利亚多所大学成本效率进行估算；陈立泰等[2] 基于 2005—2009 年的面板数据，运用随机前沿生产函数对我国省际高等学校科研效率进行估计和测算，

---

① Horne J., Hu B., "Estimation of Cost Efficiency of Australian Universities", *Mathematics and Computers in Simulation*, Vol. 78, No. 2-3, 2008.

② 陈立泰、梁超、饶伟：《国际科技交流、校企合作与高校科研效率——基于随机前沿超越对数生产函数分析》，《软科学》2012 年第 10 期。

并从国际科技交流、校企合作等方面分析科研效率的影响因素；李武[①]运用随机前沿分析方法，对我国"985"高校科研管理效率进行测算，分析高等学校在科研管理方面存在的问题及相应对策；徐超[②]采用随机前沿分析方法，对我国九类高校人文社科 2010—2012 年的科研效率进行评价和分析。可见，将 SFA 方法和高校科研效率相结合的文献还是较少的，主要原因是 SFA 只能设置一个产出，与科研活动多投入多产出的特点不完全符合。因此，SFA 方法在高等教育领域的应用远远没有 DEA 方法广泛。

（三）DEA 和 SFA 的对比

1. SFA 方法适合处理多投入单产出问题，输入数据可以是截面数据也可以是面板数据；而 DEA 方法对多投入多产出都适用，输入数据必须是截面数据，如处理面板数据需要通过基于 DEA 的 Malmquist 指数实现。

2. DEA 方法无须设定生产函数，也不用对数据进行预处理和人为设置权重，由软件根据输入数据自动赋予权重，所以简单方便、容易理解。但没有考虑现实生活中存在的干扰因素和测量误差，无法直接计量效率的动态变化，也无法对分析结果进行统计检验。

3. SFA 方法事先设定前沿生产函数，可以解释函数的实际经济意义并对得出的结果进行统计检验。在测算过程中考虑了随机误差的影响，从而克服个体差别和测量误差等造成的技术非效率。但是随机前沿生产函数的设定是否正确需要进一步的验证。

（四）基于 DEA 和随机前沿分析理论的三阶段 DEA

传统的 DEA 模型可以从投入或者产出的角度进行测算，两者计算结果几乎相同。但无论采用 DEA 哪种模型，都无法区分效率值的内外影响因素，比如对于到底是外部环境、内部管理还是随机误差的影响导致效率值低下，仅通过 DEA 方法给不出任何答案，间接导致效率评价的不公平和原因不确定。为了解决上述问题，三阶段 DEA 应运而生。2002 年，

---

① 李武：《基于 SFA 的"985"高校科研管理评价与改革研究》，《科学管理研究》2014 年第 6 期。

② 徐超：《基于 SFA 模型的中国高校人文社科科研效率评价研究》，《科技与经济》2015 年第 3 期。

弗里德（Fried）等在 DEA 基础上结合随机前沿分析理论，采用三个步骤去除掉外部和随机因素对决策单元效率的影响，具体如下：

第一阶段：对符合多投入多产出特征的决策单元，基于 DEA 基本模型（BC^2 和 C^2R 模型）测度其技术效率、纯技术效率和规模效率[①]。

第二阶段：将第一阶段计算出的投入冗余值/产出不足值，结合随机前沿分析方法构建模型进行分解和调整。由于这些投入产出的松弛值受到内外因素和随机因素的影响，所以需要分解原因后剔除掉。即将环境因素和随机因素造成的效率值低下去除掉，剩下纯粹管理无效率造成的 DMU 投入冗余或产出不足，根据 SFA 模型回归结果调整到相同的环境下，以便于消除异质性的影响[②]。

第三阶段：将初始的投入产出值，结合第二阶段 SFA 测算结果调整后形成新的投入产出，采用 DEA 基本模型进行重新测算，此时的效率值已经不受外部环境与随机误差项的影响，真实准确地反映了各 DMU 的实际效率情况[③]。

杨宏进和刘立群[④]采用三阶段 DEA 方法，对我国高校 2007 年科技成果转化效率进行分析并提出建议；沈能和宫为天[⑤]采用三阶段 DEA 模型，对我国省际高等学校 2000—2011 年科技创新效率进行测算，并分析其影响因素；薛浩和陈万明[⑥]以江苏省 16 所高校为研究对象，基于三阶段 DEA 方法和 Malmquist 指数方法，对 2009—2013 年这些高校的技术效率、全要素生产率进行测算、对比、分析；刘兴凯和左小娟[⑦]利用我国省际面

---

① 白俊红、蒋伏心：《考虑环境因素的区域创新效率研究——基于三阶段 DEA 方法》，《财贸经济》2011 年第 10 期。

② 罗登跃：《三阶段 DEA 模型管理无效率估计注记》，《统计研究》2012 年第 4 期。

③ 陆静、梁芹、曹志强：《我国产险市场的三阶段 DEA 效率演进——基于 2004 年~2009 年的非平衡面板数据分析》，《保险研究》2012 年第 5 期。

④ 杨宏进、刘立群：《基于三阶段 DEA 的高校科技创新绩效研究》，《科技管理研究》2011 年第 9 期。

⑤ 沈能、宫为天：《我国省区高校科技创新效率评价实证分析——基于三阶段 DEA 模型》，《科研管理》2013 年第 S1 期。

⑥ 薛浩、陈万明：《高校教育投入与办学效益——基于三阶段 DEA 和 Malmquist 指数分析》，《南通大学学报》（社会科学版）2015 年第 1 期。

⑦ 刘兴凯、左小娟：《我国高校科研效率的区域性特征及影响因素分析——基于三阶段 DEA 方法的实证研究》，《国家教育行政学院学报》2015 年第 5 期。

板数据和三阶段 DEA 方法，测算不同省域高校科研效率及其影响因素，并提出对策建议。综合上述文献，可知三阶段 DEA 的应用难度在于环境变量的选择，到目前为止并无公认的结论，很多学者都处在尝试阶段。随着相关研究的深入开展，这种方法的前景是非常光明的。

二　科研全要素生产率评价方法概述

近年来，高等学校科研活动发展迅速、增长迅猛，其人力和经费投入不断增加，但大量的资源投入能否带来高额、持续、长期的产出呢？这种产出增长的原因是技术进步抑或其他？类似的问题应运而生。要解决上述问题，必须计算高等学校科研活动投入产出效率，特别是全要素生产率（Total Factor Productivity，TFP）。学术界对全要素生产率的概念和内涵仍有争议。但主要的计算方法包括增长核算法和经济计量法两种。前者包括索洛余值法和代数指数法；后者包括隐性变量法和生产前沿法。生产前沿法将经济增长划分为三部分，即要素投入增加、技术进步实现、技术效率提升，与 TFP 的基本内涵高度吻合。具体计算时，有基于 DEA 或者 SFA 的全要素生产率公式和方法，但基于 DEA 的 Malmquist 指数法计算 TFP 更为方便。

Malmquist 指数最初用于消费数量指数[1]，凯夫斯（Caves）等[2]基于距离函数构造生产率指数。随着查理斯等人提出数据包络分析方法并广泛应用，Malmquist 生产率指数和 DEA 方法相结合逐渐成为了实证指数，用于跨期生产效率的测度、分解和比较。具体的定义和计算过程从略。经过处理后，在规模报酬不变情况下，Malmquist 指数具有良好的性质，它可以分解为（综合）技术效率变化（Technical Efficiency Change，TE）和技术进步（Technical Change，TC）[3] 指数。在定义和分析距离函数，并进行一系列的假设和指标界定之后，其分解过程如下[4]：

---

① Malmquist S., "Index Numbers and Indifference Curves", *Trabajos de Estadistica*, Vol. 4, 1953.

② Caves D. W., Christensen L. R., Diewert W. E., "The Economic Theory of Index Numbers and the Measurement of Input, Output and Productivity", *Econometrica*, Vol. 50, No. 6, 1982.

③ Fare R., Grosskopf S., Norris M., et al., "Productivity Growth, Technical Progress, and Efficiency Change in Industrialized Countries", *The American Economic Review*, Vol. 84, No. 1, 1994.

④ 具体定义在相关文献中很多，此处不再赘述。

$$M_0(x^t, y^t, x^{t+1}, y^{t+1}) = \frac{D_0^{t+1}(x^{t+1}, y^{t+1})}{D_0^t(x^t, y^t)} \times \left[\frac{D_0^t(x^{t+1}, y^{t+1})}{D_0^{t+1}(x^{t+1}, y^{t+1})} \times \frac{D_0^t(x^t, y^t)}{D_0^{t+1}(x^t, y^t)} \right]^{1/2}$$

$$= \text{TE} \times \text{TC}$$

$$(4\text{—}4)$$

进一步假设规模报酬可变，技术效率还可分解为纯技术效率（Pure Technical Efficiency，PTE）和规模效率（Scale Efficiency，SE）。这样全要素生产率就分解成了三个指标的乘积。具体分解情况如下：

$$\text{TE} = \frac{D_o^{t+1}(x^{t+1}, y^{t+1})}{D_o^t(x^t, y^t)}$$

$$= \frac{D_o^{t+1}(x^{t+1}, y^{t+1} \mid V)}{D_o^t(x^t, y^t \mid V)} \times \frac{D_o^{t+1}(x^{t+1}, y^{t+1} \mid C)/D_o^{t+1}(x^{t+1}, y^{t+1} \mid V)}{D_o^t(x^t, y^t \mid C)/D_o^t(x^t, y^t \mid V)}$$

$$= \text{PTE} \times \text{SE}$$

$$(4\text{—}5)$$

全要素生产率分解为纯技术效率和规模效率、技术进步率的乘积。其中前两个分解指标的乘积是技术效率，具体含义如图4—5所示。该方法在高校科研评价领域的具体应用很多，见本书的其他章节，此处不再赘述。

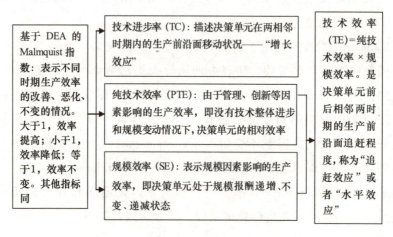

图4—5　Malmquist 指数及其分解指标的含义

第四节　小结

本章对我国教育部直属高校人文社科研究活动及高等学校/高等教育

科研评价方法进行阐述和分析，总结如下。

第一，2004—2013 年，教育部直属高校人文社科研究投入和产出总的趋势是增长的。增速较快的有研发人员折合全时人员、研发经费当年内部支出、课题数和国外发表论文数，社科活动人员、论文总数、获奖成果数增速缓慢，出版著作数甚至有一定程度的下降。不同类型/不同区域教育部直属高校人文社科研究活动投入产出存在一定的差异。对不同教育部直属高校人文社科研究活动年度平均值进行排序、对比和分析。

第二，20 世纪 80 年代以来高等学校科研评价逐渐引起我国有关部门的重视，主要包括学科评估、社会组织评价、研究人员评价和高校自身评价。具体科研评价方法包括定性评价相关方法、文献计量方法、软系统方法、综合评价法和投入产出视角下的科研效率、全要素生产率评价。

第三，科研效率可理解为科研产出与投入的综合对比；而科研活动全要素生产率即各类科研产出增长率超出科研投入增长率的部分。科研效率经典评价方法包括随机前沿分析（SFA）和数据包络分析（DEA）。在介绍 DEA、SFA 基本模型基础上，对比两者的不同之处，并探讨了与两者都有关系的三阶段 DEA 模型。在计算全要素生产率时，基于 DEA 的 Malmquist 指数法较为方便，简单介绍了其原理和指标分解含义。

第五章　基于 DEA 的教育部直属高校人文社科科研效率评价及影响因素研究

近年来，教育部直属高校得到了国家的持续关注和大量资源投入，因而不论在人才培养和学科建设还是在科技进步和技术创新上，都是我国高等教育的先锋队和正规军。随着"高等学校创新能力提升计划"的实施和深入开展，各类高校作为创新型国家建设的核心支柱，发挥着更重要的作用。在技术进步日新月异和创新能力持续提升的背景下，以教育部直属高校科研活动作为研究对象，意义深远。根据前文所述，高等学校科研活动分为自然科学研究和人文社会科学研究。一直以来，自然科学研究活动得到了大量学者的关注，相关文献层出不穷。而人文社科研究特别是其投入产出效率评价尚不充分，本章拟对相关问题进行深入探讨。

第一节　相关文献综述

国内外很多学者都对高等学校办学效率、成本效率特别是科研效率问题进行研究和探讨，具体分类包括：（1）按照研究方法的不同，可以分为数据包络分析方法、随机前沿分析方法及其他综合性的效率评价方法等。这些方法都具有不同的优缺点，但在符合一定条件的前提下都可以进行科研效率评价。比如吴和李[1]、成刚等[2]、柯和王[3]等。（2）根据

---

[1] Ng Y. C., Li S. K., "Measuring the Research Performance of Chinese Higher Education Institutions: An Application of Data Envelopment Analysis", *Education Economics*, Vol. 8, No. 2, 2000.

[2] 成刚、林涛、穆素红：《基于 SFA 的教育部直属高校成本效率评价》，《高等工程教育研究》2008 年第 6 期。

[3] Kuah C. T., Wong K. Y., "Efficiency Assessment of Universities Through Data Envelopment Analysis", *Procedia Computer Science*, Vol. 3, 2011.

研究对象范围的不同，可以划分为区域范围内的高等学校、高等学校本身和具体学科领域。国内的研究大多数以省域和校际为主，而国外研究几乎都是校际的研究。比如琼斯和于①、琼斯和琼斯②、科克等③、徐娟④、王晓红和陈浩⑤等。（3）根据科研活动的性质，划分为自然科学（科技活动）研究效率、人文社会科学研究效率等。比如吴和李⑥、郭峻和熊世权⑦、王灵芝⑧、姜彤彤⑨等。也有个别文献对整体科研效率进行测算和分析。其中，具体涉及教育部直属高校的代表性文献如表 5—1 所示。

表 5—1　　　　　　　　教育部直属高校科研效率评价相关文献

作者	研究内容	投入/产出指标
陆根书和刘蕾⑩	采用 DEA 方法对教育部直属高校自然科学研究效率及其发展趋势进行评价	科技活动人员数、政府科研资金投入、其他科研资金投入；R & D 课题数、R & D 成果应用和科技服务课题数、科技专著、国内和国外科技论文数、成果获奖数、鉴定成果数、专利授权数、技术转让当年实际收入
陆根书和刘蕾⑪	运用 DEA 方法对教育部直属高校人文社会科学研究效率及趋势进行分析	人文社会科学研究活动人数、人文社会科学研究经费；课题数、专著数、国外刊物发表论文、国内刊物发表论文、成果获奖数、鉴定成果数

①　Johnes J., Yu L., "Measuring the Research Performance of Chinese Higher Education Institutions Using Data Envelopment Analysis", *China Economic Review*, Vol. 19, No. 4, 2008.

②　Johnes G., Johnes J., "Measuring the Research Performance of UK Economics Departments: An Application of Data Envelopment Analysis", *Oxford Economic Papers*, Vol. 45, No. 2, 1993.

③　Kocher M. G., Luptacik M., Sutter M., "Measuring Productivity of Research in Economics: A Cross-country Study Using DEA", *Socio-Economic Planning Sciences*, Vol. 40, No. 4, 2006.

④　徐娟：《我国各省高校科研投入产出相对效率评价研究——基于数据包络分析方法》，《清华大学教育研究》2009 年第 2 期。

⑤　王晓红、陈浩：《1999—2006 年我国各省市高校科研效率的实证研究——基于科技成果指标变化的对比分析》，《科研管理》2011 年第 4 期。

⑥　Ng Y. C., Li S. K., "Efficiency and Productivity Growth in Chinese Universities During the Post-reform Period", *China Economic Review*, Vol. 20, No. 2, 2009.

⑦　郭峻、熊世权：《中国 31 个省市高校科研绩效实证评价》，《情报杂志》2010 年第 9 期。

⑧　王灵芝：《中国高校人文社科研究的绩效评价》，《软科学》2012 年第 4 期。

⑨　姜彤彤：《高校人文社科研究全要素生产率评价及分析》，《研究与发展管理》2013 年第 5 期。

⑩　陆根书、刘蕾：《不同地区教育部直属高校科研效率比较研究》，《复旦教育论坛》2006 年第 2 期。

⑪　陆根书、刘蕾：《高校人文社会科学之研究效率及趋势》，《开放教育研究》2006 年第 1 期。

续表

作者	研究内容	投入/产出指标
陈琼娣①	应用 DEA 基本模型和超效率模型测算教育部直属"985 工程"院校科研效率并进行排序	研究与发展人员、科技经费支出额；出版科技著作、发表学术论文、发明专利申请数、发明专利授权数、非发明专利申请数、非发明专利授权数
姜彤彤②	基于 DEA 对教育部直属高校科研效率及规模报酬情况进行分析，并计算 DEA 无效高校的投入冗余和产出不足值	研究与发展全时人数、科研经费拨入、实验室投入面积；研究与发展课题数、专著、国内外期刊发表论文总数、人文社会科学获奖、自然科学获奖、知识产权申请数、技术转让实际收入
尹伟华和袁卫③	运用 Bootstrap 修正的 DEA 模型，对教育部直属高校科研效率进行测算和分析	高校科研人员数、高校科研辅助人员数、政府财政性科研经费、其他科研经费；技术转让当年实际收入、出版专著数、国内外学术刊物发表论文数、获奖成果数、专利授权数
袁卫等④	采用变换参考集 DEA 排序方法，将科研产出分为人文社科和自然科学，对教育部直属高校办学效率进行评价分析	副高及以上职称专任教师人数、国家和地区的教育经费拨款；在校学生数、网大声誉得分、纵向科研经费收入、人文社科科研成果得分、自然科学科研成果得分、科研成果质量
郭海娜⑤	基于 DEA 及 Malmquist 生产率指数方法，测算教育部直属高校的科研静态与动态效率	研究与发展人员折合全时人员数、政府投入资金、企事业及其他投入资金、科研课题拨入经费；出版专著数、国外及全国性刊物发表论文数、鉴定成果数、科技成果转让当年实际收入
陆根书等⑥	运用 DEA 方法分析教育部直属高校科研效率及其变化趋势	科研人数、科研辅助人数、政府财政性科研经费投入、其他科研经费投入；出版专著数、国内及国外刊物发表论文数、获奖成果数、专利授权数、技术转让当年实际收入

　　① 陈琼娣：《教育部直属 985 工程院校科研效率的实证分析》，《科技进步与对策》2010 年第 8 期。

　　② 姜彤彤：《基于 DEA 方法的高校科研效率评价研究》，《高教发展与评估》2011 年第 6 期。

　　③ 尹伟华、袁卫：《基于 Bootstrap - DEA 方法的中国教育部直属高校科研效率评价》，《统计与信息论坛》2013 年第 6 期。

　　④ 袁卫、李沐雨、荣耀华：《2011 年教育部直属 72 所高校办学效率研究——基于 DEA 模型》，《中国高教研究》2013 年第 11 期。

　　⑤ 郭海娜：《教育部直属高校科研效率评价研究》，硕士学位论文，江苏科技大学，2012 年。

　　⑥ 陆根书、赵颖、刘蕾等：《教育部直属高校科研投入产出效率及其发展趋势分析》，《大学教育科学》2013 年第 1 期。

续表

作者	研究内容	投入/产出指标
金惠红等①	基于 DEA - Malmquist 指数方法测算教育部直属高校产学研合作效率	企事业单位委托资金、应用研究当年投入人数和支出经费、R & D 成果应用中在读研究生数、R & D 成果应用投入人数和当年支出经费；专利出售金额、高校与企业签署的技术合同金额
刘建民和毛军②	将主成分分析和数据包络分析相结合对教育部直属高校办学效率进行评价	人力投入、财力投入、物力投入；教学产出（人才培养）、科研产出（科学研究）和社会产出（社会服务）

从表 5—1 中文献可知，采用数据包络分析（DEA）方法评价高等学校特别是教育部直属高校科研效率较为成熟和普遍，数据主要来源于《高等学校科技统计资料汇编》和《教育部直属高校基本情况统计资料汇编》，研究方法是 DEA 基本模型或者超效率模型。但存在如下不足：（1）相关研究要么是针对教育部直属高校科研活动整体（包括自然科学研究和社会科学研究），要么是针对自然科学研究的。非常缺乏直接评价教育部直属高校人文社科科研活动效率的文献，只有陆根书和刘蕾在2006 年进行了初步尝试。（2）对教育部直属高校科研效率进行测算和评价后，没有进一步分析其学科差异和区域差异。本书的研究拟对上述两个方面进行修正和改进。

第二节　指标和数据

科学研究活动需要投入一定的人力、物力、财力，产出论文、著作、奖励、项目、专利（自然科学领域）等各种科研成果。表 5—1 主要涉及自然科学研究投入产出指标/变量，可作为参考之一。表 5—2 列示了高等学校人文社科研究效率和全要素生产率评价相关指标，所采用的方法

① 金惠红、薛希鹏、雷文瑜：《教育部直属高校产学研合作效率测度——基于非参数 DEA - Malmquist 指数的实证分析》，《浙江工业大学学报》（社会科学版）2014 年第 3 期。

② 刘建民、毛军：《基于 SBM 模型的高等院校办学绩效评价研究——以教育部直属高校数据为例》，《高教探索》2015 年第 4 期。

都是 DEA 或者在其基础上的 Malmquist 指数方法。因这两种方法处理分析的原始数据都基于投入产出，所以放在一个表中作为参考。

表 5—2   高等学校人文社科研究效率和全要素生产率评价相关文献

作者	研究内容	投入/产出指标
韩海彬和李全生①	基于层次分析法和数据包络分析方法对高校人文社会科学科研效率进行测算和分析	社科活动人员、研发经费；专著、论文、科研产出效益（AHP 计算）
廖文秋等②	安徽省普通高校人文社科研究动态效率测度及变动趋势和原因分析	投入人力、支出经费；课题、出版专著、论文
陈俊生等③	基于 AHP 和 DEA 方法对江苏省综合性大学中的人文社会科学类学院科研资源利用效率进行分析	科研人员折合数、科研人员年人均科研经费；发表论文折合分数、出版专著折合分数、科研奖励折合分数、科研产出效益（AHP 计算）
姜彤彤④	采用 Malmquist 分析方法，对我国省际高校人文社科研究全要素生产率及分解情况进行测算	社科活动人员、研究与发展折合全时人员、研究发展经费当年内部支出；课题、著作、学术论文总数、高水平论文数、高水平获奖成果数
姜彤彤⑤	对我国省际高等学校人文社科研效率及其区域差异进行评价分析	社科活动人员、研究与发展折合全时人员、研究发展经费当年内部支出；课题、著作、学术论文总数、高水平学术论文、高水平获奖成果
梁文艳和唐一鹏⑥	基于 Malmquist 指数方法对不同地区"211"高校人文社科全要素生产率进行评估	研发人员高级职称数、研发课题当年拨入经费；学术著作、学术论文（包括 SSCI 和 CSSCI）

① 韩海彬、李全生：《基于 AHP/DEA 的高校人文社会科学科研效率评价研究》，《高教发展与评估》2010 年第 2 期。

② 廖文秋、梁樑、宋马林：《基于 Malmquist 指数的高校科研效率的实证分析》，《系统工程》2011 年第 7 期。

③ 陈俊生、周平、张明妍：《高校人文社会科学科研资源利用效率评价——以江苏省地方综合性大学为例》，《教育与经济》2012 年第 4 期。

④ 姜彤彤：《高校人文社科研究全要素生产率评价及分析》，《研究与发展管理》2013 年第 5 期。

⑤ 姜彤彤：《我国各省高校人文社科科研效率评价及区域差异研究》，《科技管理研究》2014 年第 15 期。

⑥ 梁文艳、唐一鹏：《高校人文社科科研生产效率区域比较研究——基于 Malmquist 指数的动态评估》，《重庆高教研究》2014 年第 2 期。

续表

作者	研究内容	投入/产出指标
胡咏梅和范文凤[1]	"211 工程"高校理工农医类学科和人文社科类学科科研效率测算及对比	研发人员高级职称数、研发课题当年拨入经费；学术著作、学术论文（包括 SSCI 和 CSSCI）
琼斯和琼斯[2][3]	对英国部分大学经济系研究绩效的评价	不同类型的教职员工、外部经费投入；学术期刊各类文章、专业和流行期刊文章、著作和编辑出版书籍、其他出版物和编辑作品
沃宁[4]	对德国不同政策大学的自然科学/人文社科科研效率的分析	人均经费投入和其他经费投入；SSCI 论文、SCI 论文

　　在设计教育部直属高校人文社科科研效率评价指标时，需要参考国内外相关文献并结合高校人文社科研究活动的特点和我国的现实情况，还要考虑数据获取的真实性、完整性、科学性和可得性。具体指标体系如表5—3所示。需要说明的是，在目前这种高等学校考核和职称评聘制度下，专任教师和专职科研人员一样具有科研的要求和动力，显然不能排除在外，所以把社科活动人员总和作为人力投入之一，反映了人力投入总规模。研发人员折合全时人员即实际投入的科研工作量。具体计算时，有三个全时人员和四个非全时人员（工作时间分别为30%、40%、50%和60%），则全时人员为 3 + 0.3 + 0.4 + 0.5 + 0.6 = 4.8（人年）。

---

　　① 胡咏梅、范文凤：《"211 工程"高校科研生产效率评估：基于 DEA 方法的经验研究》，《重庆高教研究》2014 年第 3 期。

　　② Johnes G., Johnes J., "Measuring the Research Performance of UK Economics Departments: An Application of Data Envelopment Analysis", *Oxford Economic Papers*, Vol. 45, No. 2, 1993.

　　③ Johnes J., Johnes G., "Research Funding and Performance in UK University Departments of Economics: A Frontier Analysis", *Economics of Education Review*, Vol. 14, No. 3, 1995.

　　④ Warning S., "Performance Differences in German Higher Education: Empirical Analysis of Strategic Groups", *Review of Industrial Organization*, Vol. 24, No. 4, 2004.

表 5—3   **教育部直属高校人文社科研究投入/产出指标**

投入/产出指标	指标含义
投入 X_1：社科活动人员（人）	包括专职人文社科研究人员，还有专任教师等各类与人文社科研究活动有关的人员
投入 X_2：研发人员折合全时人员（人年）	指从事人文社科研究与发展的全时人员数加非全时人员按工作时间折合为全时人员数的总和
投入 X_3：研发经费当年内部支出（百元）	指研发机构当年用于人文社科研究活动的实际支出，即科研经费的具体去向，包括科研人员费和业务费等
产出 Y_1：课题（项）	指符合一定标准的人文社科纵向课题和横向课题，主要指省部级以上课题
产出 Y_2：著作（部）	指达到一定字数以上，对某学科/专业进行全面系统论述的人文社科著作
产出 Y_3：论文合计（篇）	指国内和国外期刊发表的人文社科领域的学术论文
产出 Y_4：国外论文（篇）	指国外期刊发表的人文社科领域的学术论文
产出 Y_5：获奖成果（项）	纳入教育部统计体系的人文社科获奖成果，主要指省部级以上科研奖励

本章所有数据均来源于《全国高校社科统计资料汇编》（简称"汇编"），汇编是高等学校人文社科研究领域最权威和全面的统计资料，由教育部社科司根据每年末（次年初）高校系统上报的统计数据综合编纂而成，每年出版一部。DEA 方法要求研究对象的同质性即决策单元性质相同，在 75 所教育部直属高校中，北京中医药大学部分年份数据缺失，该校其他年份投入产出数据也大多为 0 或者偏低，略去。具体 DMU 包括剩下的 74 所理工类、综合类、农林类、医药类、师范类等教育部直属高校。另外，西南大学 2005 年 7 月由西南师范大学和西南农业大学合并而成，2004 年的数据是两校各自的原始数据。2004 年及之前多数年份中国石油大学、中国地质大学、中国矿业大学在汇编中只列示一所高校的数据，而 2005 年及之后就划分两所学校分别提供数据。对 2004 年及之前三所高校的数据很难采用某种方法进行合理分离。因此，研究时间范围选择 2005—2013 年。

表 5—4　　2013 年教育部直属高校人文社科研究指标 Pearson 相关系数[①]

指标	X_1	X_2	X_3	Y_1	Y_2	Y_3	Y_4	Y_5
X_1	1.000	0.759 **	0.703 **	0.792 **	0.774 **	0.792 **	0.638 **	0.652 **
X_2	0.759 **	1.000	0.717 **	0.796 **	0.762 **	0.797 **	0.690 **	0.673 **
X_3	0.703 **	0.717 **	1.000	0.830 **	0.769 **	0.772 **	0.777 **	0.695 **
Y_1	0.792 **	0.796 **	0.830 **	1.000	0.749 **	0.780 **	0.734 **	0.613 **
Y_2	0.774 **	0.762 **	0.769 **	0.749 **	1.000	0.943 **	0.802 **	0.686 **
Y_3	0.792 **	0.797 **	0.772 **	0.780 **	0.943 **	1.000	0.808 **	0.729 **
Y_4	0.638 **	0.690 **	0.777 **	0.734 **	0.802 **	0.808 **	1.000	0.641 **
Y_5	0.652 **	0.673 **	0.695 **	0.613 **	0.686 **	0.729 **	0.641 **	1.000

注：** 表示在 0.01 的水平（双侧）上显著相关；* 表示在 0.05 的水平（双侧）上显著相关。

　　DEA 方法进行效率评价时要求投入产出指标具备一定的关联性，即随着科研投入的增加，科研产出也大致按一定幅度增长。此处对每年度原始数据进行皮尔逊（Pearson）相关分析来验证这一点。2013 年数据的皮尔逊相关系数见表 5—4，可见所有的投入产出指标之间都具有一定的正相关性，且均在 1% 的水平上通过双侧检验。其他年份检验结果也都支持指标之间相关性的假设，具体皮尔逊相关系数略去。

表 5—5　2005—2013 年教育部直属高校人文社科研究投入/产出指标描述统计

指标说明	极小值	极大值	均值	标准差
投入 X_1：社科活动人员（人）	95.000	2006.000	798.188	427.613
投入 X_2：研发人员折合全时人员（人年）	3.400	958.600	194.997	186.067
投入 X_3：研发经费当年内部支出（百元）	1050.000	2828450.320	341462.500	438709.000
产出 Y_1：课题（项）	8.000	4635.000	762.742	790.812
产出 Y_2：著作（部）	0.000	666.000	113.365	119.995
产出 Y_3：论文合计（篇）	10.000	4681.000	928.221	878.155
产出 Y_4：国外论文（篇）	0.000	427.000	40.994	58.404
产出 Y_5：获奖成果（项）	0.000	307.000	12.991	24.349

---

①　根据前文所述原因，本表所示是将教育部直属高校 2013 年数据去掉北京中医药大学后处理的结果。

表5—5是教育部直属高校2005—2013年人文社科研究投入和产出指标的描述统计。测算这些指标的离散系数，有好几个指标比如获奖成果、国外论文、课题等都是大于1的，其他指标的离散系数也相对较大，说明所有指标分布是较为分散的并不集中。不同教育部直属高校投入产出之间具有很大的差异性。

第三节　教育部直属高校人文社科研究活动效率及其规律

DEA模型处理数据包括投入、产出两种导向，两种导向测算结果差异很小，几乎可以忽略不计。本书选取以产出为导向的 C^2R、BC^2 模型和超效率模型。DEA主要用于静态效率评价，现有相关文献大多数以年度数据为基础进行测算，结果具有一定的偶然性和不确定性。为了寻求教育部直属高校人文社科研究活动效率的真正规律和趋势，将2005—2013年每年的静态数据分别代入模型，测算出每年度效率值并计算9年的平均数。

一　2013年教育部直属高校人文社科研究效率评价及分析

将2005—2013年的投入产出数据分别输入 DEAP 和 MaxDEA 软件。选择以产出为导向的 DEA 模型进行处理，分别测算出每年度教育部直属高校人文社科研究的超效率、技术效率、纯技术效率和规模效率，两软件测算结果完全一致并互相印证。因每年度的测算结果数据量大，此处不一一列出，只列示并分析2013年度的结果。根据 DEA 基本原理，如果某DMU技术效率值小于1，那么超效率值和技术效率值是一样的。只有在技术效率值为1也就是该DMU位于生产前沿面上时，为了区分技术效率都为1的不同DMU的效率差异才测算其超效率，这时该值是大于1的。

1. 2013 年教育部直属高校人文社科研究效率评价分析，如表 5—6 所示。

表 5—6　　　　　2013 年教育部直属高校人文社科研究效率评价结果①

高校名称	技术效率 （超效率模型）	技术效率 （基本模型）	纯技术效率 （基本模型）	规模效率 （基本模型）	规模报酬 （基本模型）
北京大学	1.232	1.000	1.000	1.000	—
中国人民大学	1.372	1.000	1.000	1.000	—
清华大学	0.938	0.938	0.985	0.952	drs
北京交通大学	0.559	0.559	0.559	0.999	drs
北京科技大学	1.077	1.000	1.000	1.000	—
北京化工大学	0.440	0.440	0.509	0.865	irs
北京邮电大学	0.763	0.763	1.000	0.763	irs
中国农业大学	0.849	0.849	1.000	0.849	irs
北京林业大学	0.449	0.449	0.467	0.960	irs
北京师范大学	1.217	1.000	1.000	1.000	—
北京外国语大学	1.208	1.000	1.000	1.000	—
北京语言大学	0.569	0.569	0.570	0.999	irs
中国传媒大学	0.881	0.881	1.000	0.881	drs
中央财经大学	0.781	0.781	0.795	0.982	drs
对外经济贸易大学	0.771	0.771	0.775	0.995	drs
中央音乐学院	1.213	1.000	1.000	1.000	—
中央美术学院	2.075	1.000	1.000	1.000	—
中央戏剧学院	0.561	0.561	1.000	0.561	irs
中国政法大学	0.767	0.767	0.791	0.970	irs
华北电力大学	2.074	1.000	1.000	1.000	—
南开大学	1.117	1.000	1.000	1.000	—
天津大学	1.113	1.000	1.000	1.000	—
大连理工大学	0.933	0.933	0.935	0.998	drs
东北大学	0.498	0.498	0.515	0.967	irs
吉林大学	0.742	0.742	0.818	0.906	drs
东北师范大学	0.534	0.534	0.534	0.999	irs

① 表中技术效率又称为整体效率或综合效率；"—"表示规模有效，"irs"表示规模报酬递增，"drs"表示规模报酬递减。后续表格同。

续表

高校名称	技术效率（超效率模型）	技术效率（基本模型）	纯技术效率（基本模型）	规模效率（基本模型）	规模报酬（基本模型）
东北林业大学	1.056	1.000	1.000	1.000	—
复旦大学	1.027	1.000	1.000	1.000	—
同济大学	0.530	0.530	0.538	0.985	drs
上海交通大学	0.797	0.797	0.803	0.993	drs
华东理工大学	0.819	0.819	0.839	0.977	irs
东华大学	0.651	0.651	0.655	0.994	drs
华东师范大学	1.155	1.000	1.000	1.000	—
上海外国语大学	0.882	0.882	0.883	0.999	drs
上海财经大学	1.234	1.000	1.000	1.000	—
南京大学	1.229	1.000	1.000	1.000	—
东南大学	0.684	0.684	0.715	0.957	drs
中国矿业大学（徐州）	0.664	0.664	0.731	0.907	irs
河海大学	0.739	0.739	0.929	0.796	irs
江南大学	0.736	0.736	0.736	1.000	—
南京农业大学	0.725	0.725	0.734	0.988	irs
中国药科大学	0.821	0.821	1.000	0.821	irs
浙江大学	1.516	1.000	1.000	1.000	—
合肥工业大学	0.920	0.920	0.939	0.980	irs
厦门大学	1.114	1.000	1.000	1.000	—
山东大学	1.242	1.000	1.000	1.000	—
中国海洋大学	2.008	1.000	1.000	1.000	—
中国石油大学（华东）	1.003	1.000	1.000	1.000	—
武汉大学	1.041	1.000	1.000	1.000	—
华中科技大学	1.598	1.000	1.000	1.000	—
中国地质大学（武汉）	0.919	0.919	0.932	0.986	irs
武汉理工大学	0.882	0.882	0.939	0.939	drs
华中农业大学	0.673	0.673	0.774	0.870	irs
华中师范大学	0.636	0.636	0.656	0.969	drs
中南财经政法大学	0.695	0.695	0.797	0.872	drs
湖南大学	0.562	0.562	0.568	0.990	drs

高校名称	技术效率 （超效率模型）	技术效率 （基本模型）	纯技术效率 （基本模型）	规模效率 （基本模型）	规模报酬 （基本模型）
中南大学	0.483	0.483	0.513	0.942	drs
中山大学	1.103	1.000	1.000	1.000	—
华南理工大学	1.517	1.000	1.000	1.000	—
四川大学	0.790	0.790	0.894	0.883	drs
重庆大学	0.548	0.548	0.572	0.957	irs
西南交通大学	0.577	0.577	0.587	0.983	irs
电子科技大学	1.054	1.000	1.000	1.000	—
西南大学	1.109	1.000	1.000	1.000	—
西南财经大学	0.489	0.489	0.490	0.999	irs
西安交通大学	0.784	0.784	0.804	0.975	drs
西安电子科技大学	0.646	0.646	0.680	0.949	irs
长安大学	0.661	0.661	0.663	0.997	irs
西北农林科技大学	0.640	0.640	0.824	0.776	irs
陕西师范大学	1.170	1.000	1.000	1.000	—
兰州大学	1.923	1.000	1.000	1.000	—
中国矿业大学（北京）	0.636	0.636	1.000	0.636	irs
中国石油大学（北京）	0.711	0.711	1.000	0.711	irs
中国地质大学（北京）	0.325	0.325	1.000	0.325	irs
平均值	0.925	0.806	0.857	0.943	

根据 DEA 基本模型的测算结果，除北京中医药大学之外的 74 所教育部直属高校技术效率平均值为 0.806，纯技术效率平均值为 0.857，规模效率平均值为 0.943，说明这 74 所高校人文社科研究效率总体情况尚可，距离生产前沿面有一定差距但平均差异不大。有 28 所高校人文社科研究技术有效，包括北京师范大学、天津大学、厦门大学、南开大学、北京大学、山东大学等，这些高校的人文社科研究效率包括技术效率、纯技术效率和规模效率皆为 1，都处在生产前沿面上。为了对这些高校人文社

科研究效率情况加以区分，需采用 DEA 超效率模型测算其超效率得分，具体如表5—6第二列所示。得分最高的是中央美术学院，为 2.075。这说明 2013 年即使该高校的各项投入同步增加 107.5% 左右，或者各项产出同步减少一定比例，决策单元仍保持有效。其他高校超效率得分含义与此一致。科研超效率得分超过 1.5 的高校有中央美术学院、华北电力大学、中国海洋大学、兰州大学、华中科技大学、华南理工大学和浙江大学，尽管其中有几所高校人文社科研究活动规模在教育部直属高校中较小，但产出与投入的综合对比即效率较高。

具体来说：（1）中国传媒大学、中国农业大学、中国药科大学、北京邮电大学、中央戏剧学院等八所高校的人文社科研究活动纯技术效率有效（得分为1），而规模无效（得分小于1）。要提高这些高校的规模效率，需要根据其规模报酬所处的阶段进行适当调整。（2）江南大学科研纯技术无效（得分小于1）但规模有效（得分等于1），说明其人文社科研究投入产出规模已经较为适当无须刻意调整，但在科研活动的技术、流程、管理等方面需加以完善。（3）四川大学、大连理工大学、清华大学、中央财经大学等37所高校既不是纯技术有效也不是规模有效，即技术效率、纯技术效率、规模效率得分都是小于1的。其中，西南财经大学、中南大学、北京林业大学、北京化工大学、中国地质大学（北京）、东北大学六所高校人文社科研究技术效率是最低的，均低于 0.5，主要原因是纯技术效率偏低。这些高校在技术、规模上和排在前列的高校有一定差距。科研纯技术效率最低的五所高校是北京林业大学、西南财经大学、北京化工大学、中南大学和东北大学，科研规模效率最低的五所高校是中国地质大学（北京）、中央戏剧学院、中国矿业大学（北京）、中国石油大学（北京）和北京邮电大学。这些高校应根据自身情况有的放矢地实施各项措施加以提升。（4）表5—6 的最后一列是各所高校规模报酬情况。技术效率为1的高校因为规模效率也必须为1，所以均处于规模报酬最优阶段，还有江南大学规模报酬为1同时处于这一阶段。这 29 所高校不需要改变其人文社会科学研究投入产出规模。处于规模报酬递增阶段的高校有 26 所，这些高校应适当扩大其人文社科研究活动规模，即不断增加人力和经费，才有可能实现最佳的规模报酬；另外的 19 所高校处于规模报酬递减阶段，需根据情况适当减少投入规模或者提高投入资源的利用效率。

2. DEA 无效高校的投入冗余、产出不足值测算。

DEAP 和 MaxDEA 软件在得出效率测算结果的同时，会提供纯技术无效 DMU 的投入产出原始数据、目标数据和两者的差距，限于篇幅只将两者的差距即投入冗余或者产出不足值列示于表 5—7。所谓投入冗余和产出不足，都是指与处于生产前沿面上技术有效的高校相比，同样的产出多投入了多少或者同样的投入少产出了多少。这些高校通过努力把多余投入去掉或者不足产出实现，就会达到生产前沿面即纯技术效率为 1。

以清华大学为例，其研发经费内部支出初始投入为 17236.9288 万元，按照模型应该减少到 10966.9092 万元，中间的投入冗余（即多余值）约为 6270.0196 万元，减少比例约为 36.38%。这所高校的其他两个投入不需要调整。所有高校中，需要对社科活动人员进行调整的有 11 所，对研发人员折合全时人员进行调整的有 18 所，对研发经费内部支出进行调整的有两所。对产出各指标来说，清华大学的研究产出特别是课题数和专著数有一定不足，需要通过一定手段促进其改变，实现表 5—7 中列示不足数的提升，才能实现纯技术有效。其他的高校与清华大学一致，或者投入、产出或者两者同时有不足或者冗余，可以按照表 5—7 中的理想数字进行调整，同时根据所处规模报酬阶段改进规模，最终目标是纯技术有效和规模有效，在两者都为 1 的情况下整体技术必然有效。清华大学、北京交通大学等高校在我国一直是较为有名的大学，但其人文社科研究规模大不意味着效率高，说明其仍有很大的效率提升空间。

表 5—7　　2013 年教育部直属高校人文社科研究投入冗余量与产出不足量[①]

高校名称	投入 1 冗余	投入 2 冗余	投入 3 冗余	产出 1 不足	产出 2 不足	产出 3 不足	产出 4 不足	产出 5 不足
清华大学	0.00	0.00	627001.96	602.51	36.97	0.00	0.00	6.47
北京交通大学	0.00	1.78	0.00	0.00	0.00	684.29	104.05	10.02

①　投入产出计量单位均与表 5—5 一致。

高校名称	投入1冗余	投入2冗余	投入3冗余	产出1不足	产出2不足	产出3不足	产出4不足	产出5不足
北京化工大学	0.00	31.37	0.00	0.00	2.53	0.00	0.00	0.00
北京林业大学	0.00	0.00	0.00	0.00	0.00	0.00	0.00	1.57
北京语言大学	0.00	14.81	0.00	0.00	0.00	96.57	5.07	12.91
中央财经大学	88.30	0.00	0.00	0.00	0.00	117.86	1.98	5.39
对外经济贸易大学	0.00	23.38		270.60	0.00	660.01	16.73	0.00
中国政法大学	0.00	63.49	0.00	0.00	0.00	380.29	0.00	4.44
大连理工大学	118.32	0.00	0.00	0.00	0.01	72.98	0.00	0.00
东北大学	0.00	0.00	0.00	0.00	0.00	0.00	39.14	19.56
吉林大学	182.66	0.00	0.00	0.00	217.78	408.91	232.55	27.88
东北师范大学	0.00	116.06	0.00	0.00	0.00	0.00	116.33	16.55
同济大学	43.21	0.00	0.00	0.00	40.27	0.00	33.23	15.40
上海交通大学	30.99	0.00	0.00	0.00	0.00	189.03	14.47	5.76
华东理工大学	0.00	0.00	0.00	0.00	0.28	0.00	20.71	15.61
东华大学	11.84	24.58	0.00	0.00	8.61	759.26	0.00	0.00
上海外国语大学	0.00	0.00	0.00	123.25	0.00	0.00	0.00	7.38
东南大学	98.27	151.05	0.00	0.00	0.00	109.62	9.13	0.00
中国矿业大学（徐州）	0.00	71.34	0.00	0.00	0.00	23.34	4.71	0.00
河海大学	0.00	40.46	141380.87	0.00	22.63	0.00	0.00	10.43
江南大学	0.00	31.52	0.00	0.00	0.00	0.00	68.24	29.09
南京农业大学	0.00	0.00	0.00	0.00	35.27	0.00	37.16	13.85
合肥工业大学	0.00	0.00	0.00	0.00	23.65	140.32	0.00	0.00
中国地质大学（武汉）	0.00	0.00	0.00	0.00	34.11	281.98	9.75	10.05
武汉理工大学	306.92	0.00	0.00	0.00	25.96	12.20	0.00	1.40
华中农业大学	0.00	0.00	0.00	0.00	10.98	85.83	11.55	0.00
华中师范大学	0.00	0.00	0.00	0.00	0.00	608.95	68.25	0.00
中南财经政法大学	0.00	0.00	0.00	0.00	81.08	618.24	87.50	0.00
湖南大学	26.68	21.77	0.00	0.00	24.25	0.00	45.31	13.39

续表

高校名称	投入1冗余	投入2冗余	投入3冗余	产出1不足	产出2不足	产出3不足	产出4不足	产出5不足
中南大学	160.03	137.02	0.00	0.00	0.00	171.46	0.00	17.23
四川大学	0.00	128.30	0.00	0.00	58.34	523.64	101.11	17.57
重庆大学	0.00	8.63	0.00	0.00	0.00	0.00	0.00	18.24
西南交通大学	0.00	0.00	0.00	0.00	3.68	0.00	0.00	0.00
西南财经大学	0.00	69.94	0.00	0.00	48.65	38.56	0.00	18.25
西安交通大学	192.84	0.00	0.00	0.00	17.70	0.00	0.00	0.54
西安电子科技大学	0.00	45.41	0.00	0.00	19.32	0.00	0.00	1.62
长安大学	0.00	0.00	0.00	0.00	24.27	0.00	24.75	0.72
西北农林科技大学	0.00	19.72	0.00	118.34	25.05	130.32	1.63	0.00

二　2005—2013 年教育部直属高校人文社科研究效率及其学科/区域差异分析

表 5—8　2005—2013 年教育部直属高校人文社科研究年度平均技术
效率、纯技术效率和规模效率

高校名称	技术效率	纯技术效率	规模效率	高校名称	技术效率	纯技术效率	规模效率
北京大学	0.897	0.956	0.938	河海大学	0.607	0.685	0.912
中国人民大学	0.964	0.987	0.975	江南大学	0.694	0.733	0.945
清华大学	0.867	0.893	0.971	南京农业大学	0.604	0.638	0.947
北京交通大学	0.724	0.738	0.979	中国药科大学	0.807	1.000	0.807
北京科技大学	0.677	0.743	0.905	浙江大学	0.964	0.991	0.972
北京化工大学	0.552	0.606	0.906	合肥工业大学	0.897	0.957	0.939
北京邮电大学	0.725	0.866	0.838	厦门大学	0.981	1.000	0.981
中国农业大学	0.784	0.845	0.932	山东大学	0.863	0.929	0.924
北京林业大学	0.550	0.586	0.940	中国海洋大学	0.986	0.992	0.993
北京师范大学	1.000	1.000	1.000	中国石油大学（华东）	0.769	0.789	0.973

高校名称	技术效率	纯技术效率	规模效率	高校名称	技术效率	纯技术效率	规模效率
北京外国语大学	0.987	0.990	0.997	武汉大学	0.898	0.965	0.927
北京语言大学	0.463	0.475	0.975	华中科技大学	0.736	0.758	0.967
中国传媒大学	0.905	0.953	0.951	中国地质大学（武汉）	0.847	0.871	0.973
中央财经大学	0.879	0.886	0.991	武汉理工大学	0.844	0.893	0.933
对外经济贸易大学	0.840	0.845	0.993	华中农业大学	0.812	0.848	0.954
中央音乐学院	0.580	0.665	0.861	华中师范大学	0.626	0.663	0.942
中央美术学院	0.942	0.960	0.978	中南财经政法大学	0.812	0.902	0.904
中央戏剧学院	0.611	0.937	0.664	湖南大学	0.562	0.601	0.936
中国政法大学	0.805	0.847	0.949	中南大学	0.770	0.793	0.970
华北电力大学	0.689	0.693	0.991	中山大学	0.717	0.727	0.987
南开大学	0.904	0.912	0.991	华南理工大学	0.929	0.938	0.990
天津大学	0.802	0.824	0.960	四川大学	0.745	0.842	0.885
大连理工大学	0.908	0.935	0.969	重庆大学	0.536	0.548	0.979
东北大学	0.741	0.770	0.957	西南交通大学	0.801	0.807	0.992
吉林大学	0.866	0.926	0.931	电子科技大学	0.971	0.974	0.997
东北师范大学	0.749	0.775	0.968	西南大学	0.632	0.708	0.880
东北林业大学	0.746	0.766	0.970	西南财经大学	0.545	0.573	0.951
复旦大学	1.000	1.000	1.000	西安交通大学	0.652	0.681	0.958
同济大学	0.529	0.543	0.973	西安电子科技大学	0.825	0.870	0.945
上海交通大学	0.771	0.793	0.972	长安大学	0.857	0.871	0.982
华东理工大学	0.958	0.964	0.994	西北农林科技大学	0.778	0.811	0.960
东华大学	0.617	0.642	0.960	陕西师范大学	0.794	0.824	0.959
华东师范大学	0.950	0.995	0.954	兰州大学	0.878	0.879	0.998
上海外国语大学	0.855	0.873	0.980	中国矿业大学（北京）	0.762	1.000	0.762

续表

高校名称	技术效率	纯技术效率	规模效率	高校名称	技术效率	纯技术效率	规模效率
上海财经大学	1.000	1.000	1.000	中国石油大学（北京）	0.574	0.752	0.793
南京大学	0.913	0.925	0.986	中国地质大学（北京）	0.554	0.881	0.646
东南大学	0.738	0.755	0.975	平均值	0.781	0.827	0.943
中国矿业大学（徐州）	0.640	0.661	0.969				

其中：（1）显而易见，74 所教育部直属高校人文社科研究活动技术效率、纯技术效率、规模效率平均值分别为 0.781、0.827、0.943，说明科研活动效率整体还有 21.9% 的上升空间。科研活动纯技术效率、规模效率也分别有 17.3%、5.7% 的提升潜力。大部分高校距离生产前沿面还有一定的距离，提高人文社科研究创新效率任重而道远。（2）任意一个效率为 1，说明这所高校连续 9 年该效率值都为 1。遗憾的是，表中只有北京师范大学、复旦大学、上海财经大学的三个效率值和中国药科大学、厦门大学、中国矿业大学（北京）的纯技术效率为 1，即北京师范大学等三所高校连续 9 年在管理和技术方面都较为领先，规模也适当，无须刻意调整；而厦门大学等三所高校连续技术有效仅仅需要合理调整规模。（3）人文社科研究活动技术效率高于 0.9 的高校有 17 所，除了三所技术有效的高校外还有厦门大学、北京外国语大学、中国人民大学等，这些高校距离生产前沿面较为接近，虽排名教育部直属高校的前列但仍有上涨空间。人文社科研究活动技术效率低于 0.6 的高校有湖南大学、重庆大学、同济大学等 10 所，其中不乏知名高校。因各效率值是一个产出与投入相对比较的结果，所以科研规模大成果多的高校不一定比规模小成果少的高校更有优势，等同于优中选优，所以知名高校效率偏低是很可能发生的。（4）人文社科研究活动纯技术效率最高的六所高校是北京师范大学、复旦大学、上海财经大学、中国药科大学、厦门大学、中国矿业大学（北京），全部纯技术有效。排在最后的五所高校是北京林业大学、西南财经大学、重庆大学、同济大学、

北京语言大学，纯技术效率都低于 0.6。排名前列的高校应该戒骄戒躁，进一步从管理和技术方面提升效率；而排在后面的高校需找到自己的问题，有针对性地向先进高校学习，力图逐渐接近生产前沿面。（5）人文社科研究活动规模效率排在前六位的高校是北京师范大学、复旦大学、上海财经大学、兰州大学、电子科技大学、北京外国语大学，全部高于或等于 0.997；后五位的高校是中国药科大学、中国石油大学（北京）、中国矿业大学（北京）、中央戏剧学院、中国地质大学（北京）。这些高校应根据自己规模报酬情况，调整投入产出规模，努力实现最优的科研活动规模。

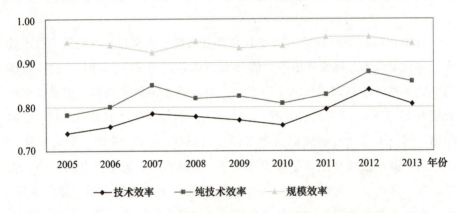

图 5—1　2005—2013 年教育部直属高校人文社科研究活动技术效率、
纯技术效率、规模效率变动趋势

　　图 5—1 是 2005—2013 年教育部直属高校人文社科研究活动效率的变动趋势。可见，人文社科研究活动规模效率变动不太明显，基本上较为平稳。同时技术效率和纯技术效率也没有剧烈的波动，但是 9 年间有微弱上涨，两者的变动趋势和波动幅度高度一致。说明 9 年间教育部直属高校人文社科研究活动在管理、技术上稍有提高，规模效率上没有明显变化，处于同一水平线上。三者相比，技术效率值远低于纯技术效率和规模效率，即人文社科研究活动本身存在问题同时规模不适当。在合理调整科研活动规模之余，高等学校社科处等科研管理部门应从管理流程设计和运行、激励机制和奖励政策、管理平台搭建及运作、信息交流和人员培训等方面找到问题，向先进的高校学习经验和教训、引进科研高

水平人才、挖掘现有员工的科研潜力，通过一系列的措施提高效率。

表 5—9　2005—2013 年教育部直属高校人文社科研究效率的学科/区域差异①

类别/区域	技术效率	纯技术效率	规模效率
理工类	0.756	0.812	0.932
农林类	0.712	0.749	0.951
师范类	0.824	0.852	0.965
医药类	0.807	1.000	0.807
综合类	0.815	0.848	0.959
语言类	0.768	0.779	0.984
艺术类	0.760	0.878	0.863
政法类	0.805	0.847	0.949
财经类	0.815	0.841	0.968
东部地区	0.787	0.839	0.939
西部地区	0.751	0.783	0.957
中部地区	0.782	0.825	0.947

　　根据表 5—9 可以得出如下结论：（1）学科对比看，教育部直属高校中北京师范大学、东北师范大学、华东师范大学、华中师范大学等师范类高校人文社科研究活动效率最高，明显超过其他类别高校。农林类和理工类高校人文社科研究技术效率偏低。医药类和政法类高校的数量很少只有一所，所以其平均值不太具有代表意义。理工类和综合类高校的数量最多，两者对比看，综合类高校的三个效率值都是高过理工类高校的。不同类别高校的效率差别原因很多，与高校的学科特点有一定的关系，但并非唯一的原因。当今时代，很多高校都往大而全方向发展，但学科的盲目多元化并不能带来科研整体实力/效率的提高，必须要在人文社科研究上下功夫才能实现提升。（2）区域对比看，东部地区高校人文社科研究活动技术效率高于中部和西部地区，纯技术效率也是东部地区最高，但规模效率是西部地区最高。这说明教育部直属高校人文社科活动的效率与其所处地理位置有一定的关系，经

_____

①　类别和区域的划分见表 2—4。

济发达地区更容易引进高水平人才、吸引各方面投入的科研经费、搭建产学研合作平台，创新环境和创新人才是科技创新效率提升的关键所在。中西部地区直属高校应借助中西部大发展的东风，挖掘内部潜力、激励研究人员多出创新成果，同时吸引国内外的有识之士加入科研团队，与东部地区高校和国际一流高校开展科研合作，争取早日提高人文社科软实力和创新效率。

第四节　教育部直属高校人文社科科研效率的影响因素研究

一　Tobit 模型概述

Tobit 模型是因变量受限模型的一种，于 1958 年首次被诺贝尔经济学奖获得者托宾（Tobin）提出。当因变量的数值是切割（truncated）或删失（censored）的时，遵循最小二乘法的普通线性回归容易有偏和不一致，这时采用极大似然法估计的 Tobit 模型就成为一个较好选择[①]。标准的 Tobit 模型如下：

$$Y_t^* = X_t\beta + \varepsilon_t$$

$$Y_t = Y_t^*, \text{if } Y_t^* > c \qquad\qquad (5—1)$$

$$Y_t = c \text{ if } Y_t^* \leqslant c$$

其中：Y_t 为观察到的因变量——被解释变量；X_t 为自变量——解释变量；β 为相关系数向量。

本节中，第一步先通过 DEA 基本模型和超效率模型计算出各年份各高校的效率值；第二步，分别以技术效率和超效率值为因变量，根据影响因素进行回归，并对结果进行合理解释和分析。由于 DEA 方法所估计出的效率值都介于 0 与 1 之间（即使超效率得分也是有限制的），是有删失的数据，因此适用于 Tobit 回归模型来分析效率的影响因素。

近年来，国内外部分学者将 DEA – Tobit 方法应用于高等教育领域，

---

① Fnald J., Moffit R. A., "The Uses of Tobit Analysis", *Review of Economics and Statistics*, Vol. 62, No. 2, 1980.

或者采用其他方法分析高校科研绩效/效率的影响因素。亚伯拉姆（Abramo）等[①]基于 DEA – Tobit 两阶段模型，探索区域经济发展水平等因素对意大利高等学校科研生产效率的影响；科普柯（Kempkes）和珀尔（Pohl）[②]采用 DEA – Tobit 方法，分析德国高校科研生产效率及其影响因素，发现教师队伍构成、区域经济发展水平、高校科研生产集群是影响和促进科研生产高效率的重要因素；姜彤彤[③]采用数据包络分析方法评价 59 所教育部直属高校效率，并运用 Tobit 模型对高校效率的影响因素进行分析；郭际等[④]采用 DEA – Tobit 模型对省际高校科技投入产出效益进行测算分析，并确定导致高校科研无效率的因素；姚云浩和高启杰[⑤]运用 DEA – Tobit 两步法对我国区域产学研合作效率及影响因素进行测算、评价和分析；罗杭和郭珍[⑥]测算 "985" 高校的教学效率、科研效率和综合效率，并基于 DEA – Tobit 方法研究内外部影响因素对效率值的影响方向与程度；梁文艳等[⑦]在计算出 "211 工程" 大学自然科学科研投入产出效率基础上，进行影响因素分析；刘兴凯和左小娟[⑧]利用我国省际面板数据，使用三阶段 DEA 方法，测算各地区高校科研效率并分析影响因素。

① Abramo G. , D'angelo C. A. , Pugini F, "The Measurement of Italian Universities' Research Productivity by a Non Parametric-bibliometric Methodology", *Scientometric*, Vol. 76, No. 2, 2008.

② Kempkes G. , Pohl C. , "The Efficiency of German Universities—Some Evidence from Non-parametric and Parametric Methods", *Applied Economics*, Vol. 42, No. 16, 2010.

③ 姜彤彤：《基于 DEA – Tobit 两步法的高校效率评价及分析》，《高等财经教育研究》2011年第 2 期。

④ 郭际、吴先华、吴崇：《基于 DEA – Tobit 模型的我国高校科技投入产出绩效评价及政策启示》，《科技管理研究》2013 年第 23 期。

⑤ 姚云浩、高启杰：《我国区域产学研合作效率评价——基于省际数据的 DEA – Tobit 分析》，《科技和产业》2014 年第 1 期。

⑥ 罗杭、郭珍：《2012 年中国 "985" 大学效率评价——基于 DEA – Tobit 模型的教学—科研效率评价与结构—环境影响分析》，《高等教育研究》2014 年第 12 期。

⑦ 梁文艳、袁玉芝、胡咏梅：《研究型大学自然科学学科科研生产效率测算及影响因素分析——基于 DEA – Tobit 两阶段模型》，《国家教育行政学院学报》2014 年第 10 期。

⑧ 刘兴凯、左小娟：《我国高校科研效率的区域性特征及影响因素分析——基于三阶段 DEA 方法的实证研究》，《国家教育行政学院学报》2015 年第 5 期。

二　影响因素选择及研究假设

表5—10　　　　　　　　高等学校科研效率的影响因素选择

作者	外部环境因素	内部结构因素
姜彤彤①	导师占教师比重、博士学位教师占比、科研经费占经费收入比重、人均科研经费	
郭际等②	当地人均 GDP、新产品产值在工业产值中的比重、高校支出的科研经费	
罗杭和郭珍③	人均 GDP、"211" 大学数量、"985" 大学数量	学科范围、社会科学研究成果占比、研究生占比
梁文艳等④	人均 GDP、省份科技产出指数、省份高新技术产业指数、所在省份"211工程"高校数量、所在省份"985 工程"高校数量	每年国际合作与交流人次、高校类型：是否"985"高校、高校类型：是否进入"上海交大学术排名"、拥有博士学位教师所占比例
刘兴凯和左小娟⑤	地区经济环境（地区人均 GDP）、地区政策环境（政府资金份额）、地区教育环境（万人大专以上学历人数）、校企合作环境（企业资金份额）、国际交流环境（交流人数）	

表5—10是相关文献中高等学校科研效率影响因素的选择。根据现有研究结果，同时考虑我国高校人文社科科研活动的运行环境及特点，提出以下关于高校人文社科科研技术效率（超效率）影响因素的假设：

假设1：所在省份经济发展水平即人均 GDP 越高，高校的科研效率越高。

---

① 姜彤彤：《基于 DEA - Tobit 两步法的高校效率评价及分析》，《高等财经教育研究》2011 年第 2 期。

② 郭际、吴先华、吴崇：《基于 DEA - Tobit 模型的我国高校科技投入产出绩效评价及政策启示》，《科技管理研究》2013 年第 23 期。

③ 罗杭、郭珍：《2012 年中国"985"大学效率评价——基于 DEA - Tobit 模型的教学—科研效率评价与结构—环境影响分析》，《高等教育研究》2014 年第 12 期。

④ 梁文艳、袁玉芝、胡咏梅：《研究型大学自然科学学科科研生产效率测算及影响因素分析——基于 DEA - Tobit 两阶段模型》，《国家教育行政学院学报》2014 年第 10 期。

⑤ 刘兴凯、左小娟：《我国高校科研效率的区域性特征及影响因素分析——基于三阶段 DEA 方法的实证研究》，《国家教育行政学院学报》2015 年第 5 期。

假设 2：所在省份"985 工程"高校数量越多，高校的科研效率越高。

假设 3：所在省份"211 工程"高校数量占所有高校的比重越大，高校的科研效率越高。

假设 4：高校中具有博士学位的教师比重越大，高校的科研效率越高。

假设 5：高校中具有导师资格的教师比重越大，高校的科研效率越高。导师指硕士研究生导师和博士研究生导师。

假设 6：高校科研经费中来自于企事业单位委托项目经费占比越大，高校的科研效率越高。

很明显，以上假设中前三项围绕着外部环境因素，后三项围绕着内部结构因素。但这些假设都需要经过严格的验证。Tobit 回归模型设计如下：

模型 1：

$$efficiency = \beta_0 + \beta_1 JJ + \beta_2 GC + \beta_3 BZ + \beta_4 BS + \beta_5 DS + \beta_6 QY + \varepsilon_i$$

$$(5\text{—}2)$$

模型 2：

$$s - efficiency = \beta_0 + \beta_1 JJ + \beta_2 GC + \beta_3 BZ + \beta_4 BS + \beta_5 DS + \beta_6 QY + \varepsilon_i$$

$$(5\text{—}3)$$

其中：$efficiency$ 是教育部直属高校人文社科科研活动技术效率值，$s\text{-}efficiency$ 是教育部直属高校人文社科科研活动超效率值，都是被解释变量即因变量；JJ 是高校所在省份的经济发展水平（人均 GDP），GC 是高校所在省份"985 工程"学校数量，BZ 是高校所在省份"211 工程"学校所占比重，BS 是高校中博士学位教师所占比重，DS 是高校中导师占所有教师比重，QY 是企事业单位委托项目经费所占比重，这六个都是自变量即影响因素；β_0 为截距项，β_1 到 β_6 表示各个自变量的回归系数；ε_i 表示随机误差项。通过 Eviews 6.0 处理上述模型，具体运行结果如表 5—11 所示。

表 5—11　　　　　　技术效率和超效率影响因素的 Tobit 回归

模型	影响因素	系数	P 值	模型	影响因素	系数	P 值
模型 1	JJ	0.569 **	0.037	模型 2	JJ	0.720 **	0.025
	GC	0.874 ***	0.001		GC	0.410 **	0.047
	BZ	2.248 *	0.095		BZ	0.135 ***	0.001
	BS	− 0.013 *	0.089		BS	0.002 *	0.062
	DS	0.243 ***	0.003		DS	0.631 *	0.079
	QY	0.352	0.258		QY	0.564	0.395

注：* 表示在 0.1 水平下显著；** 表示在 0.05 水平下显著；*** 表示在 0.01 水平下显著。

表中省略了可决系数值（R-squared）和对数似然值（Log likeli-hood）。其中，R-squared 主要体现回归方程的拟合优度或者自变量对因变量的解释程度，模型 1 和模型 2 的拟合优度分别为 0.723 和 0.698（最大为 1），说明两模型的拟合程度较好；另外，两模型的对数似然值分别为 29.653 和 10.583，对数似然值越大说明模型越正确，可见两模型的设定是较为正确的。

三　教育部直属高校人文社科研究（技术）效率影响因素分析

根据模型 1，"当地经济发展水平"、"'985'高校数量"、"'211'高校占当地高校比重"、"博士学位教师所占比重"和"导师所占比重"均与高校人文社科科研效率间呈现较显著或者一般显著的相关关系，其中前三个因素是正向的影响且程度都较为明显。可这样解释，假设 1 的内涵是经济发展水平越高，高等学校所处的外界环境越好，更容易引进高质量人才和吸收各类经费，产学研合作的氛围较为浓厚，同时具有很好的科研管理流程和水平，因而会提高科研效率。"985"高校数量和"211"高校所占比重越高，说明当地的学术环境和氛围越好，重点高校数量和竞争程度越高，高校之间的交流合作较为方便，因而会促进科研效率提升。具有博士学位的教师比重虽然显著性程度通过检验，但对于高校人文社科科研效率是负向影响，似乎解释不通，但影响系数很低接近于 0，可认为其对因变量的影响几乎可以忽略不计。高校的硕导和博导相对于非导师来说，教学水平不会有显著的差异，但科研能力增强了，或者说对于科研的关注度提升。因为几乎所有的高校对于导师的评价都取决于科研成果，导师们为了自身发展和考核通过也着力于此。这样导师比重越高，从事科研活动的导师、研究生数量和与之相关的各类科研产出就会增加，高校人文社科科研效率同向提高。最后一个影响因素即"企事业单位委托项目经费所占比重"没有通过显著性检验，说明科研经费中来自于产学研合作的比重对高校人文社科科研效率影响程度未知，此处不再予以讨论。

根据模型 2，"当地经济发展水平"、"'985'高校数量"、"'211'高校占当地高校比重"、"博士学位教师所占比重"和"导师所占比重"也与高校人文社科科研效率间呈现较显著的相关关系，上述因素对科研效率都有一定程度的影响。这和模型 1 的结论基本是一致的，可用同样的原因来解释。"博士学位教师所占比重"的系数太小，影响程度不大。模型 1、模型 2 的唯一区别在于因变量是技术效率还是超效率，差异不太明显，所以结论也大体一致，只是回归系数的显著性水平不同。

第五节　小结

在提倡产学研协同创新的"2011 计划"实施背景下，我国的高等学校进入了一个新的发展阶段。"2011 计划"要求高校以人才、科研、学科三位一体创新能力提升为核心任务，以创新发展方式转变为主线，深化高等学校的体制机制改革。教育部直属高校作为全国高校的典型代表和主体，其人文社科研究活动效率提升是新时代下的必然要求。本章以我国 74 所教育部直属高校 2005—2013 年人文社科科研活动为研究对象，探索其效率和变动趋势，并分析不同学科/区域效率差异，得出如下结论。

2005—2013 年，我国教育部直属高校人文社科研究活动整体有 21.9% 的上升空间，科研活动纯技术效率、规模效率分别有 17.3%、5.7% 的提升潜力。大部分高校距离生产前沿面有一定的距离但并不遥远。9 年间，北京师范大学、复旦大学、上海财经大学的三个效率值和中国药科大学、厦门大学、中国矿业大学（北京）的纯技术效率为 1。随着时间的推移，教育部直属高校人文社科研究活动技术效率和纯技术效率小幅度上涨；而规模效率变动幅度很小。学科对比看，教育部直属高校中师范类高校人文社科研究活动效率最高，明显超过其他类别高校。区域对比看，东部地区高校人文社科研究活动技术效率高于中部和西部地区，纯技术效率也是东部地区最高，但规模效率是西部地区最高。

　　基于 DEA – Tobit 模型对教育部直属高校人文社科科研效率进行影响因素分析。研究发现，"当地经济发展水平"、"'985'高校数量"、"'211'高校占当地高校比重"和"导师所占比重"均与高校人文社科科研效率间呈现较明显的关系且系数为正，即这几个因素对后者有正向的影响。

第六章 基于 Malmquist 指数的教育部 直属高校人文社科研究全要素 生产率评价及分析

人文社科研究的水平可体现一个国家或地区的思维能力和文明素质。在经济全球化和创新型国家建设背景下，人文社科领域和自然科学领域都要提高其生产率特别是全要素生产率，这是历史赋予我们的必然选择。本章以我国高等学校的典型代表——教育部直属高校作为研究对象，试图测算和分析其人文社科研究全要素生产率，对提升高等学校、区域、国家软实力和文化创新能力具有重要意义。

第一节 文献综述及指标选择

生产率可以理解为各种产出与资源（包括人力、物力、财力）要素总投入的比值。全要素生产率主要用来衡量决策单元的生产效率，它有三个来源：一是效率本身的改进；二是技术进步的实现；三是规模变动带来的收益。具体计算时，须要扣除掉其他要素（如资本和劳动等）投入后的"余值"，即技术进步和能力实现等导致的产出增加。通过测算和估计全要素生产率，可以进行经济增长的源泉和趋势分析，并通过指标分解找到产出增加的直接原因。21 世纪以来，国内外很多学者以高等学校及其院系、省域范围内的高等学校为对象，对其整体或者教学、科研活动全要素生产率进行研究和探索。其中代表性文献如表 6—1 所示。

表6—1　　　　　　　高等学校整体或科研全要素生产率评价相关文献

研究对象/内容/方法	作者	研究概况
研究对象： 　高等学校/院系 研究内容： 　整体全要素生产率 研究方法： 　Malmquist 指数方法	阿博特和杜克里亚奥斯①	澳大利亚 31 所预科学院 1984—1987 年全要素生产率测算及分析
	佛雷格等②	英国 45 所大学 1980/81—1992/93 年的生产效率变动
	费尔南多和克班达③	菲律宾 UST 大学下属 13 个学院 1998—2003 年的全要素生产率及其变动
	沃辛顿和李④	澳大利亚 35 所大学 1998—2003 年全要素生产率及其分解指标的测算，并划分成教学和科研生产率进行分析
	琼斯⑤	英国 112 所高等学校 1996/97—2004/5 年全要素生产率、分解指标的变动趋势和规律
	毕雪阳和孙庆文⑥	北京大学、清华大学等 14 所高校 2001—2005 年教育成本投入的动态全要素生产率及分解指标的计算分析

①　Abbott M. , Doucouliagos C. , "Total Factor Productivity and Efficiency in Australian Colleges of Advanced Education", *Journal of Educational Administration*, Vol. 39, No. 4, 2001.

②　Flegg A. T. , Allen D. O. , Field K, et al. , "Measuring the Efficiency of British Universities：A Multi-period Data Envelopment Analysis", *Education Economics*, Vol. 12, No. 3, 2004.

③　Fernando B. I. S. , Cabanda E. C. , "Measuring Efficiency and Productive Performance of Colleges at the University of Santo Tomas：A Nonparametric Approach", *International Transactions in Operational Research*, Vol. 14, No. 3, 2007.

④　Worthington A. C. , Lee B. L. , "Efficiency, Technology and Productivity Change in Australian Universities, 1998 - 2003", *Economics of Education Review*, Vol. 27, No. 3, 2008.

⑤　Johnes J. , "Efficiency and Productivity Change in the English Higher Education Sector from 1996/97 to 2004/5", *Manchester School*, Vol. 76, No. 6, 2008.

⑥　毕雪阳、孙庆文：《高校教育成本投入动态效率的 Malmquist 生产率指数分析》，《烟台大学学报》（自然科学与工程版）2010 年第 4 期。

续表

研究对象/内容/方法	作者	研究概况
研究对象： 高等学校 研究内容： 科研活动全要素生产率 研究方法： Malmquist 指数方法	胡咏梅和梁文艳①	对 2000 年合并的 25 所高校在合并前后科研生产率的动态变化进行分析和指标分解
	廖文秋等②	安徽省从事社会科学研究高校 2001—2007 年科研动态效率测算及分析
	姜彤彤③	我国 36 所"985 工程"高校 2005—2010 年科研活动全要素生产率、分解指标的测算分析
	段庆锋④	我国 33 所"985 工程"高校 2001—2009 年科研动态绩效的变动分解及动因分析
	赵晓阳和刘金兰⑤	对我国 37 所"985"高校科研静态效率和动态效率变化进行综合评价
研究对象： 省域范围内的高等学校 研究内容： 整体/科研活动全要素生产率 研究方法： Malmquist 指数方法	潘海生和周志刚⑥	我国 30 个省市自治区 1997—2005 年高等教育全要素生产率测算及指标分解
	周伟和李全生⑦	我国 31 个省市自治区划分为 4 个区域，不同区域高等学校 1999—2006 年人才培养的生产效率
	郭峻和熊世权⑧	我国省际高等学校 2004—2008 年科研绩效评价及动态变化

①　胡咏梅、梁文艳：《高校合并前后科研生产率动态变化的 Malmquist 指数分析》，《清华大学教育研究》2007 年第 1 期。

②　廖文秋、梁樑、宋马林：《基于 Malmquist 指数的高校科研效率的实证分析》，《系统工程》2011 年第 7 期。

③　姜彤彤：《"985 工程"高校科研全要素生产率测算及分析》，《中国高教研究》2013 年第 4 期。

④　段庆锋：《我国"985 工程"高校科研绩效的影响因素——基于 DEA – Malmquist 的实证研究》，《大连理工大学学报》（社会科学版）2013 年第 3 期。

⑤　赵晓阳、刘金兰：《基于 DEA 和 Malmquist 指数的 985 高校科研投入产出效率评价研究》，《电子科技大学学报》（社科版）2013 年第 3 期。

⑥　潘海生、周志刚：《基于 Malmquist 指数的高等教育生产率变动分析》，《西安电子科技大学学报》（社会科学版）2007 年第 6 期。

⑦　周伟、李全生：《我国高等学校人才培养效率的动态分析：1999—2006 年》，《科学学与科学技术管理》2010 年第 1 期。

⑧　郭峻、熊世权：《中国 31 个省市高校科研绩效实证评价》，《情报杂志》2010 年第 9 期。

续表

研究对象/内容/方法	作者	研究概况
研究对象： 　省域范围内的高等 　学校 研究内容： 　整体/科研活动全要 　素生产率 研究方法： 　Malmquist 指数方法	韩海彬和李全生①	我国 30 个省市自治区高等教育 1999—2006 年生产效率及变动情况
	杨文举②	对我国各省高校 2003—2007 年间科研活动全要素生产率及其分解指标进行测算和分析
	冯光娣等③	我国省际高等学校 2000—2009 年科研效率动态变化分析
	王宇鹏④	我国省际高等学校 2002—2009 年科技投入产出效率的动态变动分析
	姜彤彤和武德昆⑤	我国省际高等学校 2001—2009 年科技创新全要素生产率、分解指标的测算分析
	姜彤彤⑥	对我国 30 个省市自治区高校 2004—2010 年人文社科研究全要素生产率进行测算、比较和分析
	梁文艳和唐一鹏⑦	对不同地区"211"高校人文社科生产效率进行测算和评估

　　根据上述文献可以看出，国内外相关研究采用的实证分析方法都是曼奎斯特（Malmqusit）指数法。国外文献主要围绕高等学校教学和科研整体来进行生产效率评价，而国内相关研究大多数以省域范围内的高等学校作为对象，只有个别文章围绕"985 工程"高校、"211 工程"高校和安徽省内高校来进行分析，缺乏教育部直属高校人文社科研究活动全要素生产率

　　①　韩海彬、李全生：《中国高等教育生产率变动分析：基于 Malmquist 指数》，《复旦教育论坛》2010 年第 4 期。

　　②　杨文举：《基于 Malmquist TFP 指数的中国高校科研生产绩效评价》，《高教发展与评估》2011 年第 3 期。

　　③　冯光娣、陈佩佩、田金方：《基于 DEA - Malmquist 方法的中国高校科研效率分析——来自 30 个省际面板数据的经验研究》，《现代财经》2012 年第 9 期。

　　④　王宇鹏：《我国高校科技投入产出动态效率测度——Malmquist 指数方法的研究》，《渤海大学学报》（自然科学版）2012 年第 2 期。

　　⑤　姜彤彤、武德昆：《基于 Malmquist 指数的高等学校科技创新全要素生产率研究》，《中国科技论坛》2012 年第 5 期。

　　⑥　姜彤彤：《高校人文社科研究全要素生产率评价及分析》，《研究与发展管理》2013 年第 5 期。

　　⑦　梁文艳、唐一鹏：《高校人文社科科研生产效率区域比较研究——基于 Malmquist 指数的动态评估》，《重庆高教研究》2014 年第 2 期。

的评价，更不用说进一步的区域和学科生产率差异对比。本章拟对上述方面进行研究、改进和探索。基于 DEA 的 Malmquist 指数方法在第四章中做过介绍，此处不再赘述。

本章涉及的指标体系与第五章一致，即表 5—3 所示的内容，具体含义也相同。同样，考虑数据的科学性、可得性和权威性，所有数据均来源于 2005—2013 年的《全国高校社科统计资料汇编》，2004 年及之前的数据没有纳入指标体系，原因和第五章相同。Malmquist 指数方法是基于 DEA 的，所以对投入产出指标有大致相同的要求，即决策单元需具有同质性。具体来说，因北京中医药大学部分年份数据缺失，所以决策单元为 74 所教育部直属高校。

第二节　教育部直属高校人文社科研究活动全要素生产率测算及分析

具体对全要素生产率进行测算和分析时，使用 DEAP 软件并选择产出导向（投入和产出导向下计算结果基本无差异）。将 2005—2013 年教育部直属高校人文社科研究活动原始数据输入软件，可计算出年度平均、高校平均的 Malmquist 指数及其分解指标。因 Malmquist 指数是跨期比较的结果，所以 9 年的数据只得出 8 年的跨期对比，即 2005/2006 年度—2012/2013 年度。整理后的结果如表 6—2、表 6—3、表 6—4、图 6—1所示。

一　不同年份教育部直属高校人文社科研究活动全要素生产率评价及分析

表 6—2　　2005/2006—2012/2013 年年度平均 Malmquist 指数及其分解

时间	技术效率	技术进步率	纯技术效率	规模效率	全要素生产率
2005—2006	1.005	1.010	1.012	0.993	1.014
2006—2007	1.053	0.873	1.083	0.972	0.920
2007—2008	0.994	1.012	0.961	1.034	1.006
2008—2009	0.990	0.942	1.012	0.978	0.932

时间	技术效率	技术进步率	纯技术效率	规模效率	全要素生产率
2009—2010	0.983	0.957	0.976	1.007	0.941
2010—2011	1.054	0.951	1.025	1.028	1.002
2011—2012	1.069	0.843	1.075	0.995	0.901
2012—2013	0.953	1.048	0.970	0.983	1.000
平均	1.012	0.952	1.013	0.999	0.964

　　根据表6—2最后一行的年度平均结果，我国教育部直属高校人文社科研究活动全要素生产率整体呈缓慢下降趋势，年均下降幅度为3.6%。八组跨期对比数据中，2006/2007年、2008/2009年、2009/2010年、2011/2012年四个对比年度全要素生产率下降显著；2012/2013年基本保持稳定；其他三年度呈现不同程度的上升。这说明在我国高等学校人文社科各种投入资源迅猛增长的今天，其全要素生产率情况不容乐观。具体到指标分解，技术进步率年均下降4.8%，下降幅度还是较为明显的。说明随着时间的推移，相邻期间的生产前沿面有所降低，增长效应不存在。而技术效率年均上升1.2%，追赶效应存在，即同一年度内大部分高校离前沿面的距离稍微有所接近。原因是纯技术效率上升了1.3%而规模效率下降了0.1%。促进技术效率上升的主要因素是纯技术效率的上升即科研管理和技术创新上不断进步，但科研规模稍有不适。然而这一点技术效率的上升幅度是不够的，为实现提升人文社科研究全要素生产率的目标，需要在规模合理调整基础上，进一步优化管理流程、改进技术水平、实现技术进步和创新等。

　　结合图6—1进一步分析教育部直属高校人文社科研究活动生产率变动的方向、程度和原因。可以看出，全要素生产率和技术进步率变动趋势具有一定的同步性，都是下降—上升—下降—上升，最后达到基本稳定。两者的趋势一致但程度不同。因全要素生产率还受技术效率向上拉升作用的影响，所以两者整体变动程度是缓慢向下的，但全要素生产率程度要弱一些。技术效率的变动趋势和纯技术效率大体趋同，都是上升—下降—上升—下降，但同时受到规模效率下降的影响，技术效率的

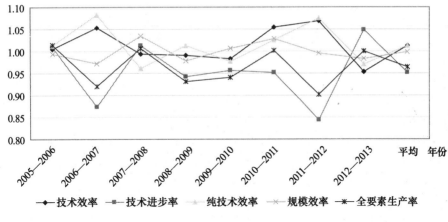

图 6—1　2005/2006—2012/2013 年 Malmquist 指数及其分解情况

整体上升幅度更小一些。这充分说明，我国教育部直属高校人文社科研究活动全要素生产率的下降主要是技术进步率和规模效率降低导致的。并不存在增长效应，即教育部直属高校人文社科研究活动生产前沿面在两相邻期间内缓慢向后移动。追赶效应存在，多数直属高校距离生产前沿面更为接近了。

二　教育部直属高校人文社科研究活动年度平均全要素生产率及分解指标

表 6—3　2005/2006—2012/2013 年教育部直属高校人文社科研究活动

年度平均全要素生产率及分解指标

高校名称	技术效率	技术进步率	纯技术效率	规模效率	全要素生产率
北京大学	1.048	1.011	1.028	1.019	1.059
中国人民大学	1.005	1.022	1.000	1.005	1.028
清华大学	1.027	1.030	1.020	1.007	1.058
北京交通大学	0.946	1.066	0.945	1.001	1.009
北京科技大学	1.112	0.916	1.081	1.029	1.019
北京化工大学	0.993	0.930	1.008	0.985	0.924
北京邮电大学	1.056	0.940	1.079	0.978	0.993
中国农业大学	1.060	1.013	1.079	0.982	1.073
北京林业大学	1.009	0.939	1.012	0.998	0.948

高校名称	技术效率	技术进步率	纯技术效率	规模效率	全要素生产率
北京师范大学	1.000	0.948	1.000	1.000	0.948
北京外国语大学	1.013	0.958	1.010	1.003	0.971
北京语言大学	1.004	1.000	0.999	1.005	1.004
中国传媒大学	1.029	0.964	1.045	0.985	0.992
中央财经大学	1.028	0.957	1.027	1.001	0.985
对外经济贸易大学	1.002	0.945	0.998	1.004	0.947
中央音乐学院	1.088	0.900	1.081	1.006	0.979
中央美术学院	1.000	0.901	1.000	1.000	0.901
中央戏剧学院	0.930	0.910	1.000	0.930	0.847
中国政法大学	1.008	0.972	0.994	1.014	0.980
华北电力大学	1.000	0.955	1.000	1.000	0.955
南开大学	1.045	0.956	1.044	1.000	0.999
天津大学	1.080	0.872	1.080	1.000	0.942
大连理工大学	1.003	0.869	0.992	1.012	0.871
东北大学	0.917	0.975	0.920	0.996	0.893
吉林大学	1.000	0.898	0.986	1.015	0.898
东北师范大学	0.971	0.910	0.962	1.009	0.883
东北林业大学	1.072	0.961	1.066	1.006	1.030
复旦大学	1.000	0.951	1.000	1.000	0.951
同济大学	1.043	0.980	1.038	1.005	1.022
上海交通大学	1.063	0.896	1.062	1.001	0.952
华东理工大学	0.975	0.942	0.978	0.997	0.919
东华大学	0.948	0.941	0.948	0.999	0.892
华东师范大学	1.030	0.986	1.005	1.025	1.015
上海外国语大学	1.000	0.893	0.985	1.016	0.893
上海财经大学	1.000	0.957	1.000	1.000	0.957
南京大学	1.032	0.986	1.028	1.004	1.017
东南大学	1.003	0.959	1.005	0.998	0.962
中国矿业大学（徐州）	0.960	0.975	0.969	0.991	0.936
河海大学	1.082	1.065	1.112	0.973	1.153
江南大学	1.003	0.971	0.985	1.018	0.973

续表

高校名称	技术效率	技术进步率	纯技术效率	规模效率	全要素生产率
南京农业大学	1.053	0.997	1.052	1.001	1.050
中国药科大学	0.976	0.907	1.000	0.976	0.885
浙江大学	1.038	1.015	1.011	1.028	1.054
合肥工业大学	1.016	0.886	1.017	0.999	0.900
厦门大学	1.000	0.888	1.000	1.000	0.888
山东大学	1.073	0.948	1.047	1.025	1.017
中国海洋大学	1.000	0.908	1.000	1.000	0.908
中国石油大学（华东）	1.000	0.904	1.000	1.000	0.904
武汉大学	1.036	0.950	1.017	1.019	0.984
华中科技大学	1.043	0.953	1.035	1.008	0.994
中国地质大学（武汉）	1.011	1.034	1.003	1.007	1.045
武汉理工大学	0.984	0.971	0.992	0.992	0.956
华中农业大学	0.952	0.978	0.968	0.983	0.931
华中师范大学	1.016	0.923	1.004	1.012	0.938
中南财经政法大学	0.988	0.965	0.972	1.017	0.954
湖南大学	1.022	0.950	1.011	1.012	0.971
中南大学	0.940	0.948	0.936	1.004	0.891
中山大学	1.048	0.992	1.048	1.000	1.040
华南理工大学	1.019	1.036	1.015	1.003	1.056
四川大学	1.048	0.963	1.055	0.993	1.010
重庆大学	0.997	0.968	1.002	0.995	0.965
西南交通大学	0.934	0.930	0.936	0.998	0.868
电子科技大学	1.015	0.953	1.015	1.000	0.967
西南大学	1.099	0.928	1.082	1.016	1.021
西南财经大学	1.013	0.918	1.008	1.004	0.929
西安交通大学	1.028	0.936	1.023	1.004	0.961
西安电子科技大学	0.947	0.851	0.953	0.993	0.805
长安大学	0.950	0.922	0.950	1.000	0.875
西北农林科技大学	0.983	0.993	1.013	0.971	0.976
陕西师范大学	1.047	0.938	1.032	1.014	0.982
兰州大学	1.088	1.013	1.088	1.000	1.103

高校名称	技术效率	技术进步率	纯技术效率	规模效率	全要素生产率
中国矿业大学（北京）	0.967	0.946	1.000	0.967	0.915
中国石油大学（北京）	1.094	0.917	1.128	0.970	1.003
中国地质大学（北京）	0.940	0.989	1.072	0.877	0.929
平均	1.012	0.952	1.013	0.999	0.964

　　根据表6—3可以得出如下结论：（1）教育部直属高校人文社科研究活动全要素生产率平均值为0.964，其分解指标技术进步率和技术效率分别为0.952和1.012，这与上一部分的分析结论完全一致。（2）全要素生产率低于1的高校有52所，包括天津大学、吉林大学、东北大学、复旦大学、中国海洋大学等在内的知名高校都排在最后；全要素生产率高于1的高校有22所，排名最前列的有河海大学、兰州大学、中国农业大学、北京大学、清华大学等。因Malmquist指数是投入产出视角下基于DEA计算的，是产出与投入的综合对比，与高校知名度和科研整体实力无直接关系，所以并非知名高校一定排在前列。（3）人文社科研究活动技术效率提升超过8%的高校有北京科技大学、西南大学、中国石油大学（北京）、中央音乐学院、兰州大学、河海大学、天津大学，说明上述高校随着时间的推移距离生产前沿面更为接近了，主要原因是这些大学在规模、管理、创新等方面相对进步更大；而中南大学、中国地质大学（北京）、西南交通大学、中央戏剧学院、东北大学排在技术效率的后五位。（4）人文社科研究活动纯技术效率超过8%的高校是中国石油大学（北京）、河海大学、兰州大学、西南大学、北京科技大学、中央音乐学院、天津大学，排在最后的高校是东华大学、北京交通大学、中南大学、西南交通大学、东北大学。先进高校不应过分骄傲，而应该找到自己努力的方向，进一步提升管理和技术水平；落后高校通过全方位的比对和分析，定位差距并努力改进。（5）人文社科研究活动规模效率前六位的高校是北京科技大学、浙江大学、华东师范大学、山东大学、北京大学、武汉大学，后五位的高校是中国地质大学（北京）、中央戏剧学院、中国矿业大学（北京）、中国石油大学（北京）、西北农林科技大学。因为规模的调整

会影响规模效率进而提升/降低技术效率和全要素生产率，所以高等学校应结合人文社科研究静态效率评价结果，适度增加/降低科研活动规模进而提升效率。

三 不同学科/区域教育部直属高校人文社科研究活动全要素生产率测算及分析

表 6—4 　　　2005/2006—2012/2013 年教育部直属高校人文社科研究
活动全要素生产率的学科/区域差异①

类别/区域	技术效率	技术进步率	纯技术效率	规模效率	全要素生产率
理工类	1.002	0.954	1.011	0.992	0.956
农林类	1.022	0.980	1.032	0.990	1.001
师范类	1.013	0.941	1.001	1.012	0.953
医药类	0.976	0.907	1.000	0.976	0.885
综合类	1.028	0.957	1.021	1.007	0.984
政法类	1.008	0.972	0.994	1.014	0.980
语言类	1.006	0.950	0.998	1.008	0.956
艺术类	1.012	0.919	1.032	0.980	0.930
财经类	1.006	0.948	1.001	1.005	0.954
东部地区	1.015	0.957	1.019	0.997	0.972
西部地区	1.012	0.943	1.013	0.999	0.955
中部地区	1.004	0.948	0.998	1.006	0.952

　　根据表 6—4 可以得出如下结论：（1）教育部直属高校中，中国农业大学、北京林业大学、东北林业大学、南京农业大学、华中农业大学、西北农林科技大学等农林类高校人文社科研究活动全要素生产率最高，年度平均生产率和技术效率增长达到 0.1% 和 2.2%，但技术进步率却有所下降。说明这类高校追赶效应存在但增长效应不存在，在所有直属高校中是唯一生产率处于不断增长中的高校类别。综合类、政法类、理工

---

　　① 类别和区域的划分见表 2—4。

类、语言类等教育部直属高校的全要素生产率依次降低，这些高校的生产率都处于不断下降中。其中，全要素生产率最低的是医药类高校，年度平均下降 11.5%，这类高校的技术进步率和技术效率都在下降中，增长效应和追赶效应都不存在。其他类别高校都是技术效率上升而技术进步率下降，与高校整体保持一致。（2）东部地区教育部直属高校人文社科研究活动全要素生产率高于中西部地区，但仍然年均下降 2.8%，主要原因是技术进步率下降而技术效率上升，两者的共同作用导致生产率向下变动。中部地区直属高校的全要素生产率平均下降 4.8%，主要原因是纯技术效率和技术进步率都处于下降阶段，规模效率稍有上升但拉升作用不明显。西部地区直属高校的全要素生产率平均下降 4.5%，主要原因和东部地区高校一致。（3）全要素生产率的增长或者下降受技术、管理、规模、创新等多方面影响，教育部直属高校整体的生产率变动不容乐观，需要根据指标分解情况全方位查找原因，学习先进高校的经验、吸取落后高校的教训，在短期内通过提升分解指标效率最终实现生产率的整体提升。

为进一步提高我国教育部直属高校人文社科研究活动全要素生产率，提出如下对策建议：（1）政府制定一系列发展纲要和优惠政策，为高校文化传承创新提供各方面的便利。比如，每年召开会议奖励科研效果较好的学校；为人才引进提供各种便利，吸引和集聚创新型人才。（2）重视高校人文社科信息服务建设，建立和完善合作服务体系。通过成立创新信息服务平台，为高等学校提供全方位的人文社科服务项目和专家数据库，形成三位一体、信息全面、实时互动的区域文化创新合作服务体系。（3）拓宽投融资渠道，加大高校人文社科研究活动投入资金的力度。比如，实施有助于高校科研的财政、税收和金融政策，鼓励高校进入市场融资，利用担保、贴息等方式协调社会资源的优化配置，实现多元化、全方位的投融资机制。（4）促进资源的合理配置，实现不同高校创新效率提升。我国不同省份高校人文社科研究投入资源极度不平衡。经济欠发达地区，不论是在资金、技术还是人才投入上都远远落后于经济发达地区。对这些区域，必须加大政策支持力度，保证高校人文社科研究活动的创新投入，从而增加其创新产出。而对于其他省份高等学校，应该更重视资金和人才的利用效率，最终实现我国各高校/区域人文社科研究活动效率的整体提升。

第三节 教育部直属高校人文社科研究效率和全要素生产率综合分析

表 6—5　　　　　教育部直属高校人文社科研究活动技术效率和全要素生产率高低划分

高校名称	技术效率	全要素生产率	高校名称	技术效率	全要素生产率
北京大学	高	高	中国矿业大学（徐州）	低	低
中国人民大学	高	高	河海大学	低	高
清华大学	高	高	江南大学	低	低
北京交通大学	低	高	南京农业大学	低	高
北京科技大学	低	高	中国药科大学	高	低
北京化工大学	低	低	浙江大学	高	高
北京邮电大学	低	低	合肥工业大学	高	低
中国农业大学	高	高	厦门大学	高	低
北京林业大学	低	低	山东大学	高	高
北京师范大学	高	低	中国海洋大学	高	低
北京外国语大学	高	低	中国石油大学（华东）	低	低
北京语言大学	低	高	武汉大学	高	低
中国传媒大学	高	低	华中科技大学	低	低
中央财经大学	高	低	中国地质大学（武汉）	高	高
对外经济贸易大学	高	低	武汉理工大学	高	低
中央音乐学院	低	低	华中农业大学	高	低
中央美术学院	高	低	华中师范大学	高	低
中央戏剧学院	低	低	中南财经政法大学	高	低
中国政法大学	高	低	湖南大学	低	低
华北电力大学	低	低	中南大学	低	低
南开大学	高	低	中山大学	低	高
天津大学	高	低	华南理工大学	高	高
大连理工大学	高	低	四川大学	低	高
东北大学	低	低	重庆大学	低	低

高校名称	技术效率	全要素生产率	高校名称	技术效率	全要素生产率
吉林大学	高	低	西南交通大学	高	低
东北师范大学	低	低	电子科技大学	高	低
东北林业大学	低	高	西南大学	低	高
复旦大学	高	低	西南财经大学	低	低
同济大学	低	高	西安交通大学	低	低
上海交通大学	低	低	西安电子科技大学	高	低
华东理工大学	高	低	长安大学	高	低
东华大学	低	低	西北农林科技大学	低	低
华东师范大学	高	高	陕西师范大学	高	低
上海外国语大学	高	低	兰州大学	高	高
上海财经大学	高	低	中国矿业大学（北京）	低	低
南京大学	高	高	中国石油大学（北京）	低	高
东南大学	低	低	中国地质大学（北京）	低	低

　　根据前文中计算出来的教育部直属高校人文社科研究技术效率和全要素生产率得分，分别以其平均值和 1 作为基本标准进行高低划分。比如所有高校技术效率平均值为 0.781，如果某高校技术效率大于或者等于 0.781，其技术效率值就是高的，否则是低的；同样，如果某高校全要素生产率大于或者等于 1，其全要素生产率就是高的，否则是低的，因为高于 1 说明生产率处于增长阶段，反之亦然。分类结果如表 6—5 所示。技术效率高，说明该高校 9 年来人文社科研究投入产出效率高于平均值；全要素生产率高，说明该高校近年来发展和增长势头良好。根据上述高低分类，可将教育部直属高校划分为如下四类。

　　第一类：效率和生产率双高的高校。包括北京大学、清华大学、中国人民大学、中国农业大学、浙江大学、山东大学等 11 所高校。这些高校目前阶段科研活动效率高且处于不断的发展当中，未来前景十分良好，可以预见的未来仍然是我国人文社科科研活动的中流砥柱。

　　第二类：效率和生产率双低的高校。包括北京化工大学、北京邮电大学、北京林业大学、中央音乐学院、中南大学、华中科技大学等 24 所高校。这些高校人文社科研究效率低且目前发展和增长速度较慢。对于这种类型的高校，需要找到其科研效率低的关键原因，到底是现有人员创新水平有限还是潜力没能得到激发，抑或人力和经费投入限制，有针对性地制定解决的措施，努力提升其科研效率和生产率。

第三类：效率低、全要素生产率高的高校。包括同济大学、东北林业大学、西南大学、北京交通大学、北京科技大学、北京语言大学、中山大学等 11 所高校。这些高校目前人文社科科研效率不占优势，但发展趋势良好，处于不断的增长当中。如果增长持续进行且保持一定速度，这些高校的科研效率提升指日可待。

第四类：效率高、全要素生产率低的高校。包括南开大学、天津大学、大连理工大学、中国政法大学、上海财经大学、长安大学、陕西师范大学等 28 所高校。这类高校的数目最多，即目前的科研效率尚可，但发展趋势不容乐观。如果采取措施提高生产率，这些高校还有望实现双高，否则科研活动效率难以保持较高的水准。

第四节　小结

随着"2011 计划"即高等学校创新能力提升计划的启动，我国高校科技和人文创新活动达到一个新的发展阶段。在这样的背景下，本章以我国教育部直属高校 2005—2013 年人文社科研究活动为研究对象，测算其全要素生产率并进行分解，试图找到生产率变动的原因、趋势和方向。得出如下结论：教育部直属高校人文社科研究活动全要素生产率年均下降 3.6%。技术进步率年均下降 4.8%，而技术效率年均上升 1.2%，原因是纯技术效率上升了 1.3% 而规模效率仅仅下降了 0.1%。整体来说，追赶效应存在但增长效应不存在。全要素生产率和技术进步率变动趋势具有一定的同步性，两者的趋势一致但程度不同。技术效率的变动趋势和纯技术效率大体趋同。不同教育部直属高校人文社科研究活动全要素生产率及其分解指标具有很大差异。农林类高校人文社科研究活动全要素生产率最高，年度平均生产率和技术效率增长达到 0.1% 和 2.2%，但技术进步率却有所下降。综合类、政法类、理工类、语言类等教育部直属高校的全要素生产率依次降低，医药类高校最低。东部地区教育部直属高校人文社科研究活动全要素生产率高于中西部地区，但仍然年均下降2.8%，主要原因是技术进步率下降幅度超过技术效率的上升，两者的共同作用导致生产率向下变动。

根据教育部直属高校人文社科研究技术效率和全要素生产率得分，分别以其平均值和1作为基本标准进行高低划分。将教育部直属高校分为四类，找到每一类高校的特点并进行解释和分析。

第七章　结论及对策建议

第一节　研究内容及其基本结论

本书共分为七章，前六章的研究内容及其基本结论如下。

第一章：首先阐述研究背景，说明以高等学校人文社科科研活动作为研究对象，具有重要意义；其次对高等学校人文社科科研效率评价相关文献进行综述；最后对本书的研究目标、研究内容、研究技术路线与方法进行探讨和总结。

第二章：对新中国成立以来我国的高等教育、高等学校基本情况及其历史变迁进行概述，在此基础上介绍"985 工程"、"211 工程"、"2011 计划"建设高校相关情况，最后对我国教育部直属高校及其发展历程进行综述。

第三章：对我国高等学校自然科学/人文社科研究投入产出及其变动趋势和省域差异进行分析。得出如下结论：随着时间的推移，我国高等学校自然科学研究各项投入产出均处于上升当中。省域自然科学研究投入产出差异较大。我国高等学校人文社科研发投入经费及其内部支出的增长较快，累计增长幅度大。研发人员、研发人员折合全时人员不断提升。省域高等学校人文社科研发经费和人力投入具有明显差异。高等学校人文社科研究产出中课题数增速较快。近期学术论文的增长势头明显放缓，出现一定程度下降。社科著作增速较慢、总量增长平稳，获奖成果数变动起伏大。不同省域高等学校人文社科研究产出差别很大。

第四章：对我国教育部直属高校人文社科研究活动及高等学校/高等

教育科研评价方法进行阐述和分析。总结如下：整体上，教育部直属高校人文社科研究投入产出趋势是向上的。不同学科类别/不同区域教育部直属高校人文社科研究活动投入产出存在差异。具体科研评价方法包括定性评价相关方法、文献计量方法、软系统方法、综合评价法和投入产出视角下的科研效率、全要素生产率评价等。科研效率经典评价方法包括随机前沿分析（SFA）和数据包络分析（DEA），对比了两者的优缺点和不同之处。简单介绍了基于 DEA 的 Malmquist 指数方法及其基本原理。

　　第五章：以我国教育部直属高校 2005—2013 年人文社科研究活动为对象，探索其效率和变动趋势，并分析不同学科类别/区域高等学校的效率差异。得出如下结论：2005—2013 年，我国教育部直属高校人文社科研究活动整体有 21.9% 的上升空间。北京师范大学、复旦大学、上海财经大学技术效率值每年都为 1，中国药科大学、厦门大学、中国矿业大学（北京）的纯技术效率为 1。随着时间的推移，教育部直属高校人文社科研究活动技术效率和纯技术效率小幅度上涨，规模效率基本保持不变。教育部直属高校中师范类高校人文社科研究活动效率最高。东部地区高校人文社科研究活动技术效率高于中部和西部地区。基于 DEA - Tobit 模型对教育部直属高校人文社科科研效率进行影响因素分析，"当地经济发展水平"、"'985' 高校数量"、"'211' 高校占当地高校比重"和"导师所占比重"均与高校人文社科科研效率呈现一定相关关系，对后者有正向影响。

　　第六章：以我国教育部直属高校 2005—2013 年人文社科研究活动为对象，测算其全要素生产率并进行分解，试图找到生产率变动的原因、趋势和方向。得出如下结论：教育部直属高校人文社科研究活动全要素生产率年均下降 3.6%。技术进步率年均下降 4.8%，而技术效率年均上升 1.2%，原因是纯技术效率上升而规模效率下降。追赶效应存在但增长效应不存在。全要素生产率和技术进步率变动趋势具有一定同步性。技术效率的变动趋势和纯技术效率大体趋同。不同直属高校人文社科研究活动全要素生产率及其分解指标有很大差异。农林类高校人文社科研究活动全要素生产率最高，医药类高校最低。东部地区直属高校人文社科研究活动全要素生产率高于中西部地区。根据效率和全要素生产率得分，将教育部直属高校划分为四类并进行分析。

第二节　提高高校人文社科科研效率的对策建议

结合前文的实证研究结论及对高校实地调研的结果，提出提高教育部直属高校人文社科科研效率的对策建议。这些建议具有一定的通用性，也适用于其他普通高等学校。

一　培养与引进创新型人才，并进行追踪管理

任何的科研活动都是由人主导进行的，没有创新型人才的参与根本无法生产出高水平科研成果。根据高校的学科特点和发展规划，分析其战略目标对人才的需求和人才队伍状况，在现有的教职工中培养有潜质的员工或者引进人文社科领域急需的创新型人才。具体引进人才时，根据学校的情况划分人才需求的专业和类别，对不同级别的人才区别对待。对特别高水平的人才可以一人一议，给予对方优厚的待遇和良好的科研条件及学术氛围，并在配偶就业和子女入学上尽量满足需要，解决其后顾之忧。将人才需求计划和招聘待遇条件通过网站等方式广泛宣传，严格按照学校需求接受简历并面试录用人才。在与人才成功签订合同后，兑现许诺的条件，并提供科研和生活方面的种种便利，激发创新型人才发挥自己的潜质和能力。同时对人才的科研活动进行追踪管理，保证其完成必需的科研任务，多出成果、出好成果。

二　多渠道筹措科研经费，提高经费使用效益

近年来，我国高等学校的科研经费收入数在不断增多，但仍存在供求矛盾和资源配置问题。有些院校人文社科相关学科的经费投入存在一定不足，或者总量足够但使用效益低下。因此：（1）应多方筹措人文社科研究经费，在纵向经费难以短期增加的前提下，需要重视社会经费来源。开展横向科研合作是高等学校为社会和经济服务的重要领域，不仅可以服务大众还可取得数额可观的经费收入。通过产学研合作等方式，实现社会经费来源多元化并保证持续性。（2）对已经筹集到的科研经费，

通过有效的监督机制保证其使用效益。杜绝经费滥用、重复建设、套取经费等情况的发生。定期进行经费使用绩效审计和评估，对审计结果进行公示和通报，并对绩效评估结果好的单位和个人给予表彰和奖励。创建良好的经费使用外部环境和监督平台。

三　合理设计科研管理流程，提高管理工作效率

科研管理系统是数字化校园建设的重要组成部分，目前越来越多的高等学校通过类似的系统进行科研管理工作，但流程设计和工作效率差别很大。比如，有的学校该系统设计复杂，简单的成果申报工作需多次重复进行，且在线人数有严格限制，普通教师在登录和申报环节都浪费了大量的时间和精力。或者存在校内各个单位不能同时共享信息的问题，每到绩效统计、职称申报或者学科、专业评估时，教师们还要不断重复填写表格，而不能直接从系统中导出数据。这时，科研管理系统的优势就不能发挥反倒降低了工作效率。为解决上述问题，建议高等学校科研管理部门到校内各单位进行调研，倾听一线教职员工对科研工作的要求和心声，按照他们的需求重新设计科研管理系统，发挥该系统的长处，同时在项目纸质材料提交和成果审核等人工处理环节，简化流程、公开信息、提高效率。

四　建立科研成果激励机制，有效发挥其导向作用

俗话说，"小功不奖则大功不立"，"重赏之下必有勇夫"。合理的激励机制会激发科研人员的工作热情，使其全身心地投入到人文社科科研活动中去。同样的人在不同的环境下，科研产出差异很大。而监督和激励相比，前者只能保证完成基本科研任务，后者更容易促进高水平成果的产生。科研成果激励机制对高等学校科研活动是有明显的导向作用的，如果制定得不合理，就会导致寻租的现象。比如论文和课题级别的划分，如果出现难度相差很大的论文归于同一类别，那显然科研人员会倾向于投稿和发表更容易但层次相同的成果。为此，高等学校应合理制定科研奖励政策，对各类成果的级别划分慎之又慎，对高质量、创新性强的成果加大奖励力度，促进广大研究人员挑战更高层次的论文、课题和奖励。

根据教育管理部门政策和科研环境变化，定期对科研奖励文件进行修改和完善。

五　重视人才培训，实现科研人员校际合作与交流

科研人员通过参与培训、会议、访问等方式，可以实现思维、思想的融会和交流，碰撞出创新的火花，而这些新的想法会直接带来科研成果的突破。目前阶段，教育部直属高校和其他各层次的高校越来越重视相关工作，通过各种计划鼓励科研人员走出去。比如，每年资助教职工参加2—3次国内学术会议或者国际学术会议，免费送教师出去参加各种培训，鼓励教师去国内或者国外高水平高校访学。与此同时，对参加交流和合作的研究人员规定成果要求并进行监督，保证资助经费有所产出。通过关系院校的校际访问获取新的知识和信息，建立跨校的创新型科研团队，利用科研项目制形成合作，互相利用对方的人才和经费、设备等资源，为一个共同的目标而努力，实现创新型成果的井喷之势，并在研究人员之间合理分配科研成果。

第三节　研究存在的问题

通过本书的研究，笔者在对我国高等教育、高等学校、教育部直属高校及其人文社科科研活动进行概述的基础上，对我国教育部直属高校人文社科科研静态效率（技术效率）和动态效率（全要素生产率）进行测算、比较和分析，探讨了科研效率的影响因素，并提出提高科研效率和全要素生产率的对策建议，具有一定的创新性和应用价值。但仍存在如下不足之处：

第一，相关数据来源于《全国高校社科统计资料汇编》，虽然此书是迄今为止最为权威和全面的高校人文社科方面的统计资料，但鉴于部分高校个别年份数据缺失、统计指标和统计口径变动、数据搜集过程中的误差，导致实证研究时高校、时间和指标范围都受到一定限制。

第二，人文社科研究成果的数量容易统计，质量却不好衡量。比如论文的质量到底如何准确界定，是根据期刊的档次还是论文的引用率，

虽然相关方法很多但仍然没有定论。笔者会在未来的研究中进行尝试。

第三，科研活动从投入到产出是有一定时间延迟即滞后期的，但如何界定滞后期的长短是个难题。相关研究成果中很少涉及滞后期，更不用说统一的结论，所以本书没有选择设置滞后期。

第四，教育部直属高校仅仅占我国高等学校的一小部分，虽然很典型但却不能涵盖所有高校科研活动的特点。笔者会在以后的研究中扩大研究对象的范围，力争对全国高校人文社科科研活动效率和生产率进行探索。

第五，本书的研究以理论为主，尽管前期作了一定的调研，但在实证研究过程中主要还是结合客观统计数据进行分析的。研究结论是否能对相关高校科研活动进行指导，帮助它们提升人文社科科研效率和生产率，尚存在疑问。笔者会在未来的研究中注重理论和实践的结合。

附　　录

表1　　　　　　　　　　2001年省城高等学校人文社科科研活动情况①

省域	社科活动人员	研发人员折合全时人员	研发经费当年内部支出	课题总数	著作	论文合计	国外论文	获奖成果
北京	22351	4503.7	1603711	4300	3582	16842	336	76
天津	6829	922	251436	1564	800	3656	22	26
河北	11069	1299	185029	1112	536	6053	31	81
山西	6482	821.8	134425	694	455	3521	34	0
内蒙古	4533	349.4	36880	299	132	2055	15	18
辽宁	16380	1572.1	312853	1515	1148	8962	119	90
吉林	9352	1092.4	199845	1305	653	4958	77	319
黑龙江	6869	946.5	103060	744	493	3609	53	42
上海	12899	1854	826817	3704	1724	9942	130	63
江苏	14353	2591.2	779931	3581	1356	12773	85	625
浙江	10126	1498.8	533326	3183	834	8737	71	343
安徽	7906	1228.6	212207	1118	357	4771	28	151
福建	6602	742	211906	1572	430	4678	32	64
江西	6905	879.8	55324	1181	307	4821	22	56
山东	15278	1737.6	368757	1635	1175	11398	61	497
河南	9169	836.3	293730	939	512	5351	5	332
湖北	14721	1813.3	538307	2528	1228	12684	107	370
湖南	9744	1559.3	413797	1724	704	8754	113	134
广东	12515	2150.5	581601	2342	1196	9527	141	74

---

　①　数据来源：2001年全国高校社科统计资料汇编。计量单位和表5—5相同，且与原始数据保持一致。

续表

省域	社科活动人员	研发人员折合全时人员	研发经费当年内部支出	课题总数	著作	论文合计	国外论文	获奖成果
广西	5670	867	88560	649	229	3159	9	53
海南	1272	97.2	30865	149	109	593	2	9
重庆	6295	1231.4	129746	987	448	4401	33	82
四川	9108	1084.8	267299	1349	641	6361	32	207
贵州	4736	168.3	32016	270	72	1848	1	0
云南	6611	876.2	333733	558	280	3977	37	64
西藏	290	49.1	3280	14	4	151	0	0
陕西	11709	935.2	189540	1005	594	6140	21	55
甘肃	4095	313.2	40380	510	181	2138	1	15
青海	1353	65	4241	66	17	686	1	0
宁夏	1367	124	26099	159	28	585	0	54
新疆	4585	392.6	13155	281	94	2611	4	6

表2　　　　　　　　2002 年省域高等学校人文社科科研活动情况①

省域	社科活动人员	研发人员折合全时人员	研发经费当年内部支出	课题总数	著作	论文合计	国外论文	获奖成果
北京	23786	4007	2261982	5381	4023	17490	640	321
天津	6814	866	359776	1622	838	3828	44	146
河北	11662	1520.5	251726	1573	701	7337	74	255
山西	6292	968.9	418756	640	602	3326	68	47
内蒙古	5107	603.9	85407	470	194	2959	15	20
辽宁	16452	1633.2	508690	1761	1217	9481	147	489
吉林	10336	981.2	238047	1281	725	5190	63	62
黑龙江	7211	1007.2	168893	802	509	3727	28	314
上海	13121	1919.4	1173038	4611	1943	11239	182	236
江苏	15292	2651.2	966378	4116	1477	15111	115	287
浙江	11844	2119.8	891686	4943	982	11000	103	396

---

①　数据来源：2002 年全国高校社科统计资料汇编。计量单位和表 5—5 相同。

省域	社科活动人员	研发人员折合全时人员	研发经费当年内部支出	课题总数	著作	论文合计	国外论文	获奖成果
安徽	8628	1139	360678	1200	343	5355	12	0
福建	6927	827.1	208590	1964	397	4835	40	12
江西	6652	422	96301	1407	431	2875	10	102
山东	16953	2281.7	548692	2232	1192	12616	60	592
河南	10188	808.8	107909	1047	560	5489	34	443
湖北	15131	2122.1	688879	2614	1210	14052	136	88
湖南	10446	1825	607132	2387	755	10860	156	448
广东	12914	2290.5	1025757	3002	1222	10084	176	101
广西	6230	970.5	125323	866	270	3858	5	49
海南	1386	69	31537	139	100	669	0	0
重庆	6564	1194.8	173898	1518	431	4656	57	21
四川	11003	1473.1	614805	2140	690	7668	55	190
贵州	5163	184.7	36845	359	86	1590	8	45
云南	6772	956.2	352655	717	320	4493	74	82
西藏	516	185.6	4655	48	25	220	4	8
陕西	12135	851.3	280193	1501	785	7217	23	1
甘肃	4481	431.8	128213	824	332	3352	0	157
青海	1316	54	17285	60	11	585	0	0
宁夏	1364	160	88810	247	40	788	1	0
新疆	4570	542	46507	420	103	3598	8	99

表3 **2003 年省域高等学校人文社科科研活动情况①**

省域	社科活动人员	研发人员折合全时人员	研发经费当年内部支出	课题总数	著作	论文合计	国外论文	获奖成果
北京	24438	4241.3	3060555.01	7089	4085	19028	659	85
天津	6773	1092.8	507205.24	2236	629	4189	78	51
河北	11540	1423	331573.32	1885	646	8341	55	128
山西	5811	1103.1	446984	812	458	3733	141	68

① 数据来源：2003 年全国高校社科统计资料汇编。计量单位和表 5—5 相同。

省域	社科活动人员	研发人员折合全时人员	研发经费当年内部支出	课题总数	著作	论文合计	国外论文	获奖成果
内蒙古	4083	286	43741.44	492	126	2034	22	120
辽宁	16619	2475	616469.6	2277	1380	11378	133	82
吉林	10286	1232.3	233436.53	1360	897	5788	79	74
黑龙江	8536	1395.7	217410.17	1149	633	5116	142	57
上海	12761	1633.2	1237976.84	5583	1868	10318	204	42
江苏	17163	2663.2	1176267.82	4608	1189	16229	130	431
浙江	12504	2140.4	1281846.75	5744	953	11623	110	422
安徽	8885	1310	444459	1186	472	5798	49	63
福建	7405	940.2	318972.63	2171	484	5341	38	511
江西	6956	755.8	241836.61	1977	247	5147	28	101
山东	17696	2126.1	673205.37	2684	1090	11783	96	465
河南	10448	781.3	113118	970	414	5679	41	299
湖北	15629	1988.2	961626.6	3114	1355	15971	149	259
湖南	11824	1906.6	733740.74	2685	839	11733	170	127
广东	14289	2398.1	1518114.01	3558	1220	12150	216	62
广西	6385	1094.7	216603	1058	306	3645	6	19
海南	1379	76.6	36295.2	247	101	693	2	44
重庆	6463	1130.7	418912.38	2024	478	5159	26	92
四川	11464	1699.2	643488.27	2821	618	8030	89	210
贵州	4865	279.2	68119.48	447	112	1657	9	1
云南	6800	1098.7	351284.39	1077	354	4845	109	31
西藏	342	56	6835	26	11	98	0	1
陕西	12721	919.9	319014.6	1910	806	7780	64	117
甘肃	4659	541.2	248167.23	956	303	4354	13	66
青海	1333	50	9934	40	13	593	0	54
宁夏	1439	105	20659.76	240	34	882	0	1
新疆	4948	340.6	100243.84	362	157	2520	21	0

表 4 　　　　2004 年省域高等学校人文社科科研活动情况①

省域	社科活动人员	研发人员折合全时人员	研发经费当年内部支出	课题总数	著作	论文合计	国外论文	获奖成果
北京	24712	2898.2	3664252.19	8705	3766	20751	714	193
天津	7052	942.8	437634.35	2733	745	4878	83	189
河北	12187	1206.5	414837.89	2248	538	8854	59	205
山西	6800	796.1	651904	826	402	3607	58	180
内蒙古	4810	296.3	122295.83	724	157	2247	25	0
辽宁	18193	2081.7	957941.6	2627	1528	13990	203	305
吉林	10779	1134.3	313315.54	1981	757	6094	94	136
黑龙江	7200	1007.3	319415.15	1314	440	3892	20	330
上海	13923	1350.6	1647926.86	6947	2336	13287	344	234
江苏	18223	2392.9	1300512.25	5199	1287	17112	189	247
浙江	16796	2227.6	1463697.42	8264	1339	14877	326	384
安徽	9153	830.6	549092.71	1450	436	6150	17	22
福建	8078	751.8	422829.66	2430	407	5596	35	13
江西	8752	714.2	333019.22	2623	318	5593	24	21
山东	19235	1696.1	884651.07	3445	1102	12049	113	623
河南	14908	1046	239462.35	1787	720	7756	33	443
湖北	17049	2037.6	1253089.51	4061	1298	18659	230	247
湖南	13025	1868.8	846865.98	3652	818	13654	72	238
广东	17765	1994.1	1662689.52	4668	1362	14885	256	83
广西	7323	1234.4	341850.72	1509	371	4632	24	154
海南	1417	47.8	133159.26	242	120	731	5	3
重庆	7503	1068.2	590757.82	2385	461	6169	54	30
四川	13869	1488.5	929449.58	3621	738	10499	61	252
贵州	5108	270.8	87876.5	487	81	1984	1	4
云南	7482	1184.5	340959.97	1533	499	4912	112	98
西藏	781	9	2100	5	18	129	2	1
陕西	13232	783.7	468221.62	2385	693	8486	70	208
甘肃	5686	578.6	325627.25	1084	352	4139	12	266

① 数据来源：2004 年全国高校社科统计资料汇编。计量单位和表 5—5 相同。

续表

省域	社科活动人员	研发人员折合全时人员	研发经费当年内部支出	课题总数	著作	论文合计	国外论文	获奖成果
青海	1447	85.2	40291	85	16	928	0	0
宁夏	1849	84.5	33159.94	318	38	913	1	50
新疆	5731	321.1	103677.09	493	103	2838	24	35

表5　　　　　　　2005 年省域高等学校人文社科科研活动情况①

省域	社科活动人员	研发人员折合全时人员	研发经费当年内部支出	课题总数	著作	论文合计	国外论文	获奖成果
北京	25353	4682.6	5453404.37	10549	4270	23771	683	33
天津	7427	1310.1	906094.74	3326	745	5192	94	6
河北	12451	1178.1	422414.15	2649	579	8563	53	84
山西	6287	1181.2	626559.5	1013	437	3536	22	3
内蒙古	5475	370.9	139029.95	900	107	2132	18	0
辽宁	17970	1986.5	937252.09	2693	1334	11268	281	270
吉林	11085	2049	577197.73	2700	703	6362	101	138
黑龙江	8935	1621.8	356754.09	1876	523	3751	6	73
上海	14852	2494.3	2118108.73	8185	2475	14623	371	76
江苏	18839	2665.8	1768607.36	5910	1417	17894	227	268
浙江	17887	3000.3	1832640.44	10284	1295	14809	260	342
安徽	11132	1070	641506.02	1760	501	6258	21	45
福建	8644	867.8	545480.43	2804	517	6406	133	483
江西	9780	868.4	527588.98	3314	334	6228	36	104
山东	21227	2633.8	1222512.79	4396	1052	13662	142	781
河南	17103	1300.9	403767.29	2546	852	8611	19	577
湖北	18326	2812.8	1287266.78	5152	1400	18601	183	84
湖南	14022	2334.7	1027631.36	4414	902	15229	106	186
广东	19110	2612.6	2129345.45	5980	1356	16556	188	199
广西	7384	1070.75	339312.87	1761	403	4461	16	30

① 数据来源：2005 年全国高校社科统计资料汇编。计量单位和表 5—5 相同。

省域	社科活动人员	研发人员折合全时人员	研发经费当年内部支出	课题总数	著作	论文合计	国外论文	获奖成果
海南	1586	52.3	52254.53	358	84	657	0	0
重庆	8057	1414.6	802827.12	2744	494	6839	51	151
四川	14791	1917.2	1185111.34	4582	726	10046	81	209
贵州	5450	301.7	114086.7	617	125	1925	9	67
云南	7784	1550.4	408079.09	2014	437	4724	118	68
西藏	327	132.5	27202	51	14	247	0	0
陕西	13832	998.6	654806.33	3033	715	9135	54	148
甘肃	5778	554.6	275930.23	1307	288	4243	10	24
青海	1449	175.9	51374.05	109	47	989	0	2
宁夏	1888	94.5	30333.3	312	38	1072	1	0
新疆	5966	318.1	136913.49	655	117	2536	23	10

表6　　　　　　　　2006年省域高等学校人文社科科研活动情况①

省域	社科活动人员	研发人员折合全时人员	研发经费当年内部支出	课题总数	著作	论文合计	国外论文	获奖成果
北京	26519	4373.4	6625784.51	13123	4582	26830	957	370
天津	7882	1452.1	830639.35	3997	750	5708	107	206
河北	13245	1530.9	525836.7	3421	570	10219	62	138
山西	7157	1532.3	793363.56	1362	435	3609	10	9
内蒙古	5536	457.9	157773.81	1305	119	2387	26	160
辽宁	19091	2503.2	972646.39	3666	1388	12266	188	206
吉林	12048	2224.2	679868.73	3161	768	6436	75	138
黑龙江	9079	1671.5	386340.09	2277	442	4333	66	204
上海	16107	2900.2	2164512.41	9963	2262	17015	455	333
江苏	20503	2761.1	1939081.06	7035	1398	19534	146	172
浙江	17116	2813.9	3091621.7	11522	1178	13287	246	124
安徽	14926	1201.3	737641.71	2788	499	7403	11	118

① 数据来源：2006年全国高校社科统计资料汇编。计量单位和表5—5相同。

续表

省域	社科活动人员	研发人员折合全时人员	研发经费当年内部支出	课题总数	著作	论文合计	国外论文	获奖成果
福建	9722	1012.1	808917.28	4205	715	7416	165	46
江西	10625	1080.4	577428.4	4195	370	7407	19	15
山东	23059	2789.8	1304194.16	6072	1080	16512	211	187
河南	16551	1422.6	524923.14	3155	792	10633	18	95
湖北	19456	3131.1	1839584.39	6299	1592	20262	251	106
湖南	15177	2234.5	1164500.12	5734	983	17845	136	134
广东	21315	2830.6	2076134.83	7612	1292	18884	276	69
广西	8573	1466.6	537538.33	2935	369	6693	17	175
海南	1588	70.5	62736.62	494	62	701	0	33
重庆	8768	1503	1156327.63	3024	525	7938	59	146
四川	15859	2006.9	1522550.88	5572	743	11322	76	37
贵州	5867	283.8	175483.6	937	131	2166	11	9
云南	8187	1597.6	528400.72	2751	480	6257	260	101
西藏	694	441	54585	91	10	277	0	4
陕西	14362	1092.1	759634.96	3907	624	9109	80	27
甘肃	5691	616.4	392281.38	1661	333	4345	53	33
青海	1536	159.5	77947.8	154	56	1178	0	46
宁夏	1870	122	45687.9	344	33	1084	0	5
新疆	5954	367.7	105050.71	822	150	2983	15	75

表7　　　　　　　　2007 年省域高等学校人文社科科研活动情况①

省域	社科活动人员	研发人员折合全时人员	研发经费当年内部支出	课题总数	著作	论文合计	国外论文	获奖成果
北京	27131	4606.6	7869030.18	15074	4686	27844	968	46
天津	8407	1703.4	1013451.94	4552	805	6195	118	2
河北	13905	1739.6	655283.89	4335	510	10956	124	1
山西	7707	1438.3	810322	1585	414	4102	24	97
内蒙古	5653	525.7	145291.34	1483	152	2364	15	0

---

① 数据来源：2007 年全国高校社科统计资料汇编。计量单位和表 5—5 相同。

省域	社科活动人员	研发人员折合全时人员	研发经费当年内部支出	课题总数	著作	论文合计	国外论文	获奖成果
辽宁	18691	2672.1	1131147.86	3912	1274	11526	122	54
吉林	12872	2296.7	807645.47	3948	689	7457	115	2
黑龙江	9700	1566.1	418687.42	2485	438	4700	34	5
上海	16609	2932.3	3034141.83	11716	2402	19166	552	54
江苏	22446	3059.5	2324699.44	8509	1532	20867	274	189
浙江	17578	2857	3155173.48	13702	1210	13060	350	8
安徽	14582	1318.8	643362.37	3642	402	7686	28	0
福建	10527	1186.8	721422.42	4959	593	7587	177	232
江西	10907	1098.7	568982.05	4837	334	7266	13	179
山东	23693	2649.6	1490384.27	6934	1144	16333	132	183
河南	19768	1550	670109.3	4624	1185	13701	57	96
湖北	20721	3659.3	2421100.75	7580	1645	22777	285	139
湖南	16328	2636.7	1594855.64	6331	924	16726	137	21
广东	22323	3047.4	2378392.34	8714	1384	18491	325	115
广西	9004	1793.25	616587.79	3719	347	6528	14	7
海南	2230	74.5	80367.85	470	105	753	4	0
重庆	7538	1274.7	1169456.93	3106	463	7104	68	7
四川	16411	2024.9	1781470.82	6853	667	11993	83	155
贵州	6357	378.6	157260.22	1345	118	2970	4	78
云南	9212	2238.2	655206.1	3316	607	6511	49	55
西藏	0	0	0	0	0	0	0	0
陕西	14602	1059	840926.32	4666	637	9649	64	169
甘肃	6409	552.3	326044.02	2022	359	4697	118	130
青海	1537	132.2	66471.2	172	53	1309	0	0
宁夏	1991	125	57708.85	469	60	1184	0	16
新疆	6788	553.5	230166.77	990	117	3821	29	0

表 8　　　　　　　　　　　2008 年省域高等学校人文社科科研活动情况①

省域	社科活动人员	研发人员折合全时人员	研发经费当年内部支出	课题总数	著作	论文合计	国外论文	获奖成果
北京	27771	4669.1	8975853.19	16570	5003	31178	1106	199
天津	8554	1706.4	1236810.5	5299	662	5674	133	174
河北	14209	1707.4	844369.74	4817	380	8849	77	154
山西	7497	1237	804158.2	1656	367	3604	19	87
内蒙古	6341	677.8	174811.49	1773	182	2650	31	219
辽宁	19052	2888.5	1212412.6	5738	1259	12235	185	92
吉林	13256	2178	1048854.58	4665	752	8575	104	175
黑龙江	13078	2108.6	626193.65	2913	541	6904	37	5
上海	16847	3065	4324742.68	12740	2728	20811	608	298
江苏	23345	2992.4	2693346.93	10816	1366	21358	190	4
浙江	17830	3172.1	3696225.37	14332	1210	13409	394	174
安徽	17106	1691.2	928168.02	4675	575	9087	43	0
福建	10817	1416.9	1132069.52	5766	535	7850	271	9
江西	11364	1092.2	691778.02	5650	332	7529	23	1
山东	24533	2758.7	1568477.88	8392	996	15946	170	203
河南	19589	1676.2	850476.96	5770	1011	13093	45	100
湖北	20626	2991	3133787.31	8914	1620	19164	450	20
湖南	17219	2781	1891885.69	8047	1056	17432	192	127
广东	22158	3334.2	2881421.02	9947	1540	18717	235	18
广西	9326	1728.2	740932.95	4062	368	6870	30	199
海南	1903	104.3	68998.06	463	111	719	8	0
重庆	9621	1579.3	1596927.41	4098	608	8904	58	6
四川	16894	1956.6	1744084.62	8548	778	11923	97	10
贵州	6662	426.6	256920.16	1769	166	3568	12	0
云南	9694	1636.8	536549.36	3662	580	6706	31	84
西藏	753	73.9	20233.56	140	28	321	0	0
陕西	15125	1153	996575.12	5693	714	10441	113	4
甘肃	6812	532.6	428628.77	2178	303	5094	91	0

---

①　数据来源：2008 年全国高校社科统计资料汇编。计量单位和表 5—5 相同。

续表

省域	社科活动人员	研发人员折合全时人员	研发经费当年内部支出	课题总数	著作	论文合计	国外论文	获奖成果
青海	1572	147.6	100204	249	46	849	0	0
宁夏	1993	127.2	70630.4	519	49	1172	0	6
新疆	7046	460.8	148281.59	1223	107	3532	24	0

表9 2009 年省域高等学校人文社科科研活动情况①

省域	社科活动人员	研发人员折合全时人员	研发经费当年内部支出	课题总数	著作	论文合计	国外论文	获奖成果
北京	29739	5114.1	12172927.66	19284	5142	32593	1157	217
天津	8731	1625	1431039.62	5524	707	6374	113	37
河北	14768	1818.8	638115.42	5941	426	8875	51	5
山西	8557	1272.2	773005.05	2522	295	3328	21	9
内蒙古	6704	617.1	228578.95	1552	216	2792	34	1
辽宁	18844	2611	1277037.49	6380	1498	12091	204	11
吉林	14019	2316.4	1365918.44	5127	668	9416	128	59
黑龙江	13453	1873.4	560673.83	2909	577	7111	92	297
上海	17449	3197.8	4937405.33	12931	2580	21250	695	100
江苏	24103	2759.1	2839414.13	12238	1551	21426	286	54
浙江	18565	3408.5	5324504	16215	1298	13366	504	213
安徽	18337	1813.7	1127271.35	5731	639	8708	29	79
福建	11567	1371	1386820.47	6405	576	8016	159	325
江西	11569	1036.9	576341.82	5965	358	6631	32	231
山东	25006	2999.7	1770047.4	8731	1066	14920	144	213
河南	21518	1970.6	966402.06	7494	1128	15761	281	114
湖北	20879	2903.5	3518371.41	10075	1551	18438	366	248
湖南	21608	3399.8	2143587.69	9766	1135	19188	167	22
广东	23289	3530	3453028.59	11572	1577	18965	314	189
广西	11227	1645.5	825504.29	4169	423	7575	33	4

① 数据来源：2009 年全国高校社科统计资料汇编。计量单位和表5—5 相同。

续表

省域	社科活动人员	研发人员折合全时人员	研发经费当年内部支出	课题总数	著作	论文合计	国外论文	获奖成果
海南	3928	226.2	80331.12	744	211	1299	7	63
重庆	10500	1802.8	1765573.51	5262	552	8083	59	136
四川	17751	2062.5	2196162.35	9245	811	12309	111	153
贵州	7305	444.7	319908.88	2100	125	4480	6	77
云南	12355	1171.2	670353.09	4098	700	7153	48	96
西藏	803	68.1	42828	201	32	305	0	3
陕西	15652	1328.9	1328790.9	6473	593	11720	56	187
甘肃	7064	574.9	529337.05	2698	359	5106	94	142
青海	1618	179	98600.6	243	45	761	0	21
宁夏	2269	165.9	77995.3	621	62	1409	0	2
新疆	6762	493.3	201091.02	1167	120	3358	17	56

表 10　　　　　　　2010 年省域高等学校人文社科科研活动情况①

省域	社科活动人员	研发人员折合全时人员	研发经费当年内部支出	课题总数	著作	论文合计	国外论文	获奖成果
北京	30644	7433.5	12395133.26	22632	4639	34157	1738	215
天津	8998	2260.3	1532093.69	6413	703	6806	149	178
河北	15237	2121.4	776406.98	6618	409	8526	61	177
山西	8613	1611.1	833270.77	2968	321	3420	18	159
内蒙古	6568	623.2	257837.68	1773	290	2902	43	226
辽宁	19620	3121.5	1411089.56	8218	1683	12181	332	205
吉林	14266	2755.9	1611405.27	5419	625	8833	227	218
黑龙江	15084	1898.9	635190.71	3657	633	8471	122	340
上海	17895	4183.1	5800572.23	14991	2493	20455	827	351
江苏	24321	3722	3731211.16	13721	1338	21562	376	7
浙江	20330	4367.7	6495811.49	19019	1273	14340	498	11
安徽	20303	2307.4	1521233.16	7750	691	9340	70	5

① 数据来源：2010 年全国高校社科统计资料汇编。计量单位和表 5—5 相同。

省域	社科活动人员	研发人员折合全时人员	研发经费当年内部支出	课题总数	著作	论文合计	国外论文	获奖成果
福建	12488	1436.8	1404595.37	7163	579	7590	366	14
江西	11603	1119.2	680265.55	6451	424	7072	147	0
山东	26197	3554.6	2008620.28	10349	1167	15185	307	203
河南	21477	2255	1064385.75	7999	931	15444	229	138
湖北	21571	3608.5	4085624.86	11781	1650	18178	268	40
湖南	22623	3956.7	2401802.81	12022	1026	18235	255	102
广东	23991	4111.8	5134462.26	14305	1474	17872	395	19
广西	10203	1942.6	1232891.45	4926	356	7028	28	282
海南	4299	238.3	87014.95	912	201	1786	9	0
重庆	11956	2238.2	2131938.18	6172	673	9549	131	35
四川	18077	2635.7	2879425.27	10758	812	11861	161	221
贵州	7745	595.4	506288.25	2823	166	5014	13	32
云南	11264	1308.8	630574.16	4590	531	8053	52	104
西藏	791	28.3	22198.9	245	24	337	0	1
陕西	15886	1666.3	2058083.66	7243	623	12128	167	5
甘肃	7172	779.5	573529.47	2669	299	6148	52	1
青海	1663	226.9	93203.7	271	31	706	0	3
宁夏	2189	216.2	104402.45	728	73	1594	19	19
新疆	7432	646.6	258011.31	1640	92	3265	22	1

表 11　　　　　　2011 年省域高等学校人文社科科研活动情况①

省域	社科活动人员	研发人员折合全时人员	研发经费当年内部支出	课题总数	著作	论文合计	国外论文	获奖成果
北京	30947	8033.4	14534725.42	26962	4736	34293	1935	109
天津	9301	2483.6	2071056.04	6898	679	6527	136	13
河北	15209	2333.4	1014111.16	7922	386	8304	97	1
山西	8917	1614.7	990510.44	3349	263	3454	30	0

① 数据来源：2011 年全国高校社科统计资料汇编。计量单位和表 5—5 相同。

续表

省域	社科活动人员	研发人员折合全时人员	研发经费当年内部支出	课题总数	著作	论文合计	国外论文	获奖成果
内蒙古	6879	534.7	293722.23	2025	251	3614	63	3
辽宁	20205	3106.3	1807333.25	8878	1849	13432	624	19
吉林	14903	2661.7	1913877.18	6630	592	8309	198	8
黑龙江	15294	1974	809176.9	4234	820	8065	107	0
上海	17896	4178.8	7378119.19	16576	2345	19973	1082	90
江苏	24974	4483.2	4639574.07	15520	1377	21253	445	321
浙江	21654	4685.9	8387567.29	21702	1282	14603	822	21
安徽	20913	2520.2	1802580.06	8935	674	10026	86	65
福建	12608	1686.7	1645174.63	7375	503	8247	377	217
江西	11877	975	921207.5	7089	455	7518	146	273
山东	27231	3094.2	2250940.88	11412	1090	14064	326	227
河南	23675	2289.4	1297149.52	10910	917	17138	200	129
湖北	22626	3723.2	5051700.1	13910	1406	18733	526	258
湖南	22495	4017.4	3062096.63	14129	984	16029	262	12
广东	24655	4649.9	7480701.63	16968	1576	18894	573	188
广西	10481	2382.3	1469881.85	6263	382	6965	119	3
海南	4558	372.5	121603.75	1189	228	2057	11	0
重庆	13423	2483.1	2516948.01	6725	689	9255	291	156
四川	18926	2954.1	4183880.44	11890	813	13137	227	18
贵州	9115	758.5	643541.34	3537	235	5444	20	57
云南	12253	1384.2	972076.71	4449	615	7850	71	129
西藏	1026	155.9	62012.6	321	26	526	1	4
陕西	16381	1927.9	2528286.5	8614	635	12940	154	199
甘肃	7389	948.5	841691.13	3225	323	6185	57	134
青海	1715	204.2	91432.4	300	29	748	0	14
宁夏	2291	286.6	130522.24	903	62	1463	3	66
新疆	7847	716.5	329852.3	2065	160	4107	40	1

表 12　　　　　　　2012 年省域高等学校人文社科科研活动情况①

省域	社科活动人员	研发人员折合全时人员	研发经费当年内部支出	课题总数	著作	论文合计	国外论文	获奖成果
北京	32239	8330.1	16185011.55	30642	4418	34191	1638	78
天津	9614	2783.6	2527532.22	7124	544	6233	126	1
河北	15967	2681.3	1260476.52	8895	420	9283	78	153
山西	9213	1628.9	1192793.11	3593	356	3400	18	159
内蒙古	7066	549.7	359935.83	2465	313	3476	51	164
辽宁	21643	3327.6	2331828.25	11047	1552	14015	695	192
吉林	15606	2939.1	2480449.39	7919	654	8878	394	243
黑龙江	15126	2374.9	877695.03	4582	763	8030	124	334
上海	18071	4611.5	8248114.7	18176	2354	18944	1142	340
江苏	35280	5745.3	6212222.65	19393	1660	25238	506	373
浙江	22227	4755	8881147.25	21700	1184	12914	739	178
安徽	22134	2928.2	2072275.43	10173	627	10639	139	8
福建	12861	2007.2	2089904.35	8037	533	7261	289	4
江西	12113	1169.6	1056527.96	8028	409	6801	170	0
山东	27460	3412.5	2635238.81	11263	1224	14110	406	252
河南	24040	2451.1	1612126.67	11563	1133	16403	124	170
湖北	23117	4046.4	5838686.16	15225	1628	19243	402	49
湖南	21336	4124.3	3239060.74	16015	799	13112	184	161
广东	25584	5187.7	9173638.12	19342	1580	18187	672	11
广西	11240	1928.1	1575117.59	6711	461	7616	86	268
海南	4709	372.7	216490.64	1489	228	2048	23	85
重庆	14508	2777.2	2905646.95	7436	748	9952	318	18
四川	19562	3655.3	4034086.93	13712	774	13560	392	285
贵州	9348	1121	846782.62	4240	284	5454	27	28
云南	14202	1654	986580.62	5099	696	7928	77	139
西藏	1042	191.2	91170.8	418	50	498	1	6
陕西	16622	2239	2450241.01	9766	650	11557	195	6
甘肃	7787	965.7	885899.62	3286	385	5653	61	4

①　数据来源：2012 年全国高校社科统计资料汇编。计量单位和表 5—5 相同。

续表

省域	社科活动人员	研发人员折合全时人员	研发经费当年内部支出	课题总数	著作	论文合计	国外论文	获奖成果
青海	1692	192.7	97366.9	347	33	731	0	2
宁夏	2746	342.5	165891.54	1114	78	1253	3	11
新疆	7895	1125.9	501403.35	2806	162	4030	26	128

表13   2013年省域高等学校人文社科科研活动情况①

省域	社科活动人员	研发人员折合全时人员	研发经费当年内部支出	课题总数	著作	论文合计	国外论文	获奖成果
北京	32002	7940.5	16195418.56	30822	4447	33406	1867	379
天津	10581	3163.7	2695952.27	7550	662	6358	209	210
河北	19376	2958.9	1448693.19	9352	519	10607	121	12
山西	9912	1623.4	989315.34	3794	274	3271	25	0
内蒙古	7152	707.7	594594.09	2834	338	4244	124	2
辽宁	21979	2993	2379179.06	11100	1239	13794	532	22
吉林	16362	3318	2706396.84	9234	660	9920	614	20
黑龙江	16425	2793.2	1083264.71	5181	681	8374	150	8
上海	18381	4664.8	9328591.3	18612	2151	18146	1134	126
江苏	37201	5648.5	6694328.83	21615	1732	25417	578	77
浙江	22906	5295	9165726.54	22895	1221	12011	624	80
安徽	23173	3160.2	2614437.11	10813	598	10384	115	3
福建	13039	2336.5	2875550.26	9228	515	7090	265	250
江西	12180	1108.5	1311960.7	9106	369	6375	215	315
山东	28315	3579.6	2708152.51	12373	1234	12861	508	255
河南	24875	2572.2	1826168.55	11617	1225	15771	187	155
湖北	25304	4075.3	6331750.76	16477	1558	19804	457	306
湖南	21426	4406.8	3696782.24	17323	831	13363	237	24
广东	26157	5567.9	9390724.49	21812	1380	17765	785	249
广西	11538	1807.9	1530317.16	7048	461	6802	84	0

---

① 数据来源：2013年全国高校社科统计资料汇编。计量单位和表5—5相同。

续表

省域	社科活动人员	研发人员折合全时人员	研发经费当年内部支出	课题总数	著作	论文合计	国外论文	获奖成果
海南	4926	364.8	218981.6	1643	342	2551	45	1
重庆	15122	2738.3	2957292.81	8660	789	9909	438	23
四川	19630	4080.6	4485393.62	15697	838	13490	396	23
贵州	10381	1161.7	892277.2	4881	289	6386	17	105
云南	14820	1824.5	1386141.37	5447	594	7902	84	86
西藏	1106	187.7	89836.5	537	14	546	4	10
陕西	16816	2401.2	2817145.83	9873	640	10588	270	179
甘肃	8085	910	709664.72	3518	508	6190	158	195
青海	1723	230.6	90212	433	55	656	0	26
宁夏	2877	346.5	209718.79	1336	79	880	4	22
新疆	7428	1103.8	466269.09	2650	130	3683	71	4

表 14　　　　2004 年教育部直属高校人文社科科研活动情况[①]

高校名称	社科活动人员	研发人员折合全时人员	研发经费当年内部支出	课题总数	著作	论文合计	国外论文	获奖成果
北京大学	1631	232	288333	1009	397	2144	147	37
中国人民大学	1939	312.1	474018.55	1686	595	3569	118	27
清华大学	1229	220.9	453485	764	227	1455	184	12
北京交通大学	452	34	94482.78	212	44	132	4	1
北京科技大学	229	42	18195	53	8	131	0	0
北京化工大学	329	23	19409	38	28	187	0	0
北京邮电大学	261	9	2058I	19	31	129	0	0
中国农业大学	342	59	112314	144	85	396	19	3
北京林业大学	379	40	23640.5	81	37	175	0	2

① 数据来源：2004 年全国高校社科统计资料汇编。其中，两地办学的中国石油大学、中国地质大学和中国矿业大学在本汇编中没有分开，作为一所学校列示。西南大学 2005 年才由西南师范大学和西南农业大学合并，汇编中只有这两校的数据，没有合并后高校数据。北京中医药大学数据列示于本表和后续表格中，但因部分数据缺失问题在实际实证研究中去掉。所有计量单位与表 5—5 一致。

高校名称	社科活动人员	研发人员折合全时人员	研发经费当年内部支出	课题总数	著作	论文合计	国外论文	获奖成果
北京中医药大学	23	0	0	0	0	0	0	0
北京师范大学	874	226	270679.75	759	364	1860	28	29
北京外国语大学	563	9.1	10763	33	36	158	8	1
北京语言大学	723	26.2	159097	132	36	255	13	3
中国传媒大学	848	129.2	63185.98	625	78	413	8	1
中央财经大学	671	57	43506	173	70	622	3	5
对外经济贸易大学	646	56.5	83334	70	158	733	19	7
中央音乐学院	268	27	12755	65	22	60	1	1
中央美术学院	311	3	6554.8	8	59	90	6	0
中央戏剧学院	243	25	35400	11	17	20	1	3
中国政法大学	1068	87.6	71781	300	196	950	18	5
华北电力大学	427	20	31133	36	17	507	3	8
南开大学	1042	261.1	115516	1081	356	1720	38	94
天津大学	329	20.8	9124	38	5	305	0	16
大连理工大学	269	20.3	23690.6	71	28	192	9	16
东北大学	660	45.4	25864	137	55	562	2	0
吉林大学	1730	200.8	117217.59	778	154	1675	24	30
东北师范大学	1273	227.7	34435.59	317	228	1116	33	54
东北林业大学	251	33.8	5965	55	14	84	5	4
复旦大学	1168	239.1	145182.05	1832	319	2639	119	94
同济大学	915	91	111740.4	307	86	540	20	4
上海交通大学	796	106.2	212544	256	238	879	7	13
华东理工大学	402	9.6	4169.81	39	56	411	2	4
东华大学	335	11.1	8519	13	22	141	4	0
华东师范大学	1311	183.3	392355.19	1241	487	2690	71	53
上海外国语大学	801	29.4	81410.4	105	249	413	2	0

高校名称	社科活动人员	研发人员折合全时人员	研发经费当年内部支出	课题总数	著作	论文合计	国外论文	获奖成果
上海财经大学	730	88.7	249298.59	967	187	747	31	27
南京大学	957	113.2	78032.75	710	174	1253	15	57
东南大学	393	55	88338	172	29	545	5	0
中国矿业大学	647	98.3	87845.83	195	30	578	33	18
河海大学	515	33.9	129653	122	46	355	1	7
江南大学	896	64.2	34233	230	43	687	5	1
南京农业大学	743	61.9	91784	243	21	433	5	1
中国药科大学	159	0	0	0	7	99	0	0
浙江大学	1587	278.8	374337	1458	355	2003	107	85
合肥工业大学	327	19	9860	15	4	345	0	0
厦门大学	1354	146.2	194522.82	626	168	1668	2	8
山东大学	1758	172.6	93928.77	594	239	1647	13	12
中国海洋大学	301	40.7	14141	148	41	255	2	38
中国石油大学	154	15	1980	17	14	102	7	2
武汉大学	1529	233.1	214726.8	885	274	2899	46	33
华中科技大学	828	63.1	49488.49	452	67	891	31	10
中国地质大学	679	50.4	50303.82	216	29	390	7	6
武汉理工大学	976	214	22883	146	107	826	15	2
华中农业大学	333	19.8	20604	110	3	256	0	0
华中师范大学	1010	81.8	459960	268	141	1272	7	43
中南财经政法大学	1062	65.5	40424.49	178	211	1473	23	18
湖南大学	1263	199.4	112004.79	564	100	1145	17	32
中南大学	929	79	69603	165	125	1227	17	13
中山大学	1350	364.2	398901.5	705	213	1524	51	2
华南理工大学	637	91	62998.2	510	27	382	19	0
四川大学	1555	201.1	293199.25	687	150	1686	18	13
重庆大学	679	133	184469.99	486	16	677	0	0

续表

高校名称	社科活动人员	研发人员折合全时人员	研发经费当年内部支出	课题总数	著作	论文合计	国外论文	获奖成果
西南交通大学	454	8.8	6122	29	27	322	3	0
电子科技大学	409	11.5	17501	45	18	336	9	1
西南师范大学	1034	202.1	79609.32	519	115	615	7	0
西南农业大学	273	32	17227	75	9	110	0	0
西南财经大学	871	173.9	125002.6	308	110	895	9	17
西安交通大学	1081	68.5	23772.52	236	31	362	7	33
西安电子科技大学	290	2	1559	12	24	228	0	2
长安大学	674	4.6	839	16	36	366	1	0
西北农林科技大学	460	12	11851.5	81	27	263	0	2
陕西师范大学	946	85	75737.5	228	94	883	10	57
兰州大学	696	69.5	87722.2	266	89	566	2	29

表15　　　　　　　2005年教育部直属高校人文社科科研活动情况①

高校名称	社科活动人员	研发人员折合全时人员	研发经费当年内部支出	课题总数	著作	论文合计	国外论文	获奖成果
北京大学	1541	551	516755	1271	386	2210	108	3
中国人民大学	1646	472.6	566043	1250	648	3691	153	0
清华大学	1124	280.6	718132.96	866	246	1424	94	0
北京交通大学	457	43.7	141486.1	337	40	134	15	0
北京科技大学	226	76	22179	43	32	177	0	0
北京化工大学	332	23	21590	31	28	202	0	0
北京邮电大学	252	19	8386	12	25	91	0	0
中国农业大学	391	70.2	120519.62	287	47	267	6	1
北京林业大学	335	35	23815.76	94	21	89	3	0
北京中医药大学	38	0	0	0	0	0	0	0

① 数据来源：2005年全国高校社科统计资料汇编。计量单位和表5—5相同。

高校名称	社科活动人员	研发人员折合全时人员	研发经费当年内部支出	课题总数	著作	论文合计	国外论文	获奖成果
北京师范大学	870	239	392652.01	891	516	2732	72	0
北京外国语大学	616	18.5	9978	85	43	278	4	0
北京语言大学	760	51.3	224862	163	64	229	8	0
中国传媒大学	873	159	62318.84	666	81	201	0	0
中央财经大学	621	205	168513.25	311	168	1052	11	5
对外经济贸易大学	661	175	117570.07	75	213	582	25	3
中央音乐学院	285	47	16062	68	33	73	0	4
中央美术学院	308	40	15924.9	61	115	109	3	1
中央戏剧学院	236	3.4	50972	17	8	18	1	3
中国政法大学	867	173.9	90044	428	211	965	32	0
华北电力大学	413	15.5	14452	40	4	532	0	0
南开大学	1044	544.4	541842	1327	280	1695	34	1
天津大学	360	27.2	10506	24	15	209	0	0
大连理工大学	284	30	23743	63	41	129	10	18
东北大学	644	25.6	40317.65	194	35	680	22	0
吉林大学	1689	297.6	130693.1	960	159	1724	28	74
东北师范大学	1118	235.3	117921.52	437	195	1254	24	40
东北林业大学	305	37.7	11310	99	15	100	0	0
复旦大学	1129	354.1	141904.2	2161	397	2767	104	9
同济大学	921	136.4	134169.7	377	61	435	10	0
上海交通大学	859	297	250484	279	204	789	32	0
华东理工大学	412	25.5	16701.33	98	70	510	11	2
东华大学	340	15.5	36442	31	35	201	10	0
华东师范大学	1357	455.1	504455.4	1249	493	3055	64	22
上海外国语大学	832	83.6	88293	121	205	642	1	1

续表

高校名称	社科活动人员	研发人员折合全时人员	研发经费当年内部支出	课题总数	著作	论文合计	国外论文	获奖成果
上海财经大学	705	147.3	259961.2	1149	219	902	83	3
南京大学	965	164.3	163862	753	172	1290	31	9
东南大学	493	72.4	88278	211	59	510	22	0
中国矿业大学（徐州）	602	118.9	114175.27	260	40	696	49	9
河海大学	502	90.2	243738	232	25	329	5	0
江南大学	894	57	38903	242	43	698	7	0
南京农业大学	368	78	137048	126	13	467	1	0
中国药科大学	181	4	1050	8	2	92	0	0
浙江大学	1563	389.3	401458.85	1899	299	2043	76	25
合肥工业大学	323	23	10125	29	29	284	0	0
厦门大学	1387	276.8	274005	606	253	2028	79	307
山东大学	1685	304.1	209935.01	682	207	1763	24	43
中国海洋大学	341	50.9	23921	171	36	354	22	31
中国石油大学（华东）	404	28	42234	48	11	260	1	31
武汉大学	1364	499.4	319230	1112	385	2760	60	1
华中科技大学	805	105.8	61862.34	465	63	896	17	0
中国地质大学（武汉）	527	42	39285	306	23	332	2	0
武汉理工大学	997	262	19936	121	63	864	12	2
华中农业大学	344	15.2	22539.5	172	8	235	0	1
华中师范大学	1121	214	264350	409	147	1449	15	0
中南财经政法大学	1159	121.6	113525.31	335	219	1299	13	0
湖南大学	1335	322.4	162787.42	655	105	1376	5	5
中南大学	893	139	94062	191	129	1262	36	2
中山大学	1099	405.4	555931.2	853	239	1720	57	63
华南理工大学	692	114.8	130636.8	736	45	485	16	3
四川大学	1535	291.2	419562.5	857	156	1372	20	46

续表

高校名称	社科活动人员	研发人员折合全时人员	研发经费当年内部支出	课题总数	著作	论文合计	国外论文	获奖成果
重庆大学	704	188	226845.57	563	24	945	6	9
西南交通大学	422	17.9	8584	59	22	320	8	5
电子科技大学	420	18.2	32828.1	67	28	367	9	4
西南大学	1314	346.8	130781.31	706	135	666	3	35
西南财经大学	897	164.3	186715.26	326	119	588	10	22
西安交通大学	945	72	69726.12	263	29	405	14	23
西安电子科技大学	263	4.1	1895	15	16	152	2	0
长安大学	697	6	5638	35	32	333	0	0
西北农林科技大学	399	23.4	25817.01	130	10	309	0	0
陕西师范大学	971	125.5	73637	314	97	739	2	47
兰州大学	675	119.3	94464	396	67	569	1	0
中国矿业大学（北京）	95	7.9	11978.55	29	10	120	0	0
中国石油大学（北京）	152	17.9	23565.32	26	7	95	1	0
中国地质大学（北京）	169	18	16049	51	7	141	0	0

表 16 　　　　2006 年教育部直属高校人文社科科研活动情况①

高校名称	社科活动人员	研发人员折合全时人员	研发经费当年内部支出	课题总数	著作	论文合计	国外论文	获奖成果
北京大学	1562	486	1305520	1636	440	2418	154	68
中国人民大学	1594	347	830467	1349	665	3454	119	46
清华大学	1129	330	904074.81	1065	227	1609	132	35
北京交通大学	468	56.3	150723.8	443	37	341	23	3

① 数据来源：2006 年全国高校社科统计资料汇编。计量单位和表 5—5 相同。

续表

高校名称	社科活动人员	研发人员折合全时人员	研发经费当年内部支出	课题总数	著作	论文合计	国外论文	获奖成果
北京科技大学	277	77	87770	75	42	812	32	0
北京化工大学	341	33	24427	35	31	161	2	0
北京邮电大学	226	21	9520	17	45	123	0	0
中国农业大学	535	84.9	137800.66	492	21	372	8	2
北京林业大学	340	44	30396.41	87	27	152	3	0
北京中医药大学	74	0	0	0	0	0	0	0
北京师范大学	875	271.2	325625.42	1017	504	2986	78	54
北京外国语大学	823	49.1	19891	148	168	402	20	2
北京语言大学	744	79.6	169089.7	179	53	373	10	0
中国传媒大学	961	108.9	66889.02	710	101	333	8	5
中央财经大学	731	144	155156.41	392	112	1093	12	10
对外经济贸易大学	722	119	117180	133	256	867	31	21
中央音乐学院	320	34	11233	88	36	74	1	3
中央美术学院	342	31	71000.94	66	105	139	1	2
中央戏剧学院	241	3.7	41209.1	16	5	10	0	1
中国政法大学	937	103.9	148829	556	192	996	36	25
华北电力大学	498	48.2	19566.15	62	1	116	0	0
南开大学	1104	604.8	386323	1598	331	2002	33	93
天津大学	361	17.7	6991	19	1	61	0	14
大连理工大学	295	20.9	11530.5	58	26	158	6	9
东北大学	622	71.4	56194.21	258	65	800	69	11
吉林大学	1732	304.9	184168.89	863	151	1935	19	30
东北师范大学	1214	188.6	61204.25	663	261	1355	5	100
东北林业大学	364	34.3	10662	128	18	140	0	1
复旦大学	1207	401.2	134836.93	2494	372	3109	130	109
同济大学	936	204	184870	570	48	426	11	10
上海交通大学	1101	323	112099.83	294	171	696	18	14

续表

高校名称	社科活动人员	研发人员折合全时人员	研发经费当年内部支出	课题总数	著作	论文合计	国外论文	获奖成果
华东理工大学	466	43.5	41423.61	166	77	551	11	6
东华大学	385	27.9	50855.58	97	36	277	13	1
华东师范大学	1468	496.9	489316.58	1425	435	3619	79	78
上海外国语大学	884	131.7	113678	187	170	520	12	3
上海财经大学	718	154.8	174091.48	1215	150	775	58	37
南京大学	994	153.2	200958.99	731	166	1311	26	58
东南大学	502	62.9	80355	166	43	484	3	11
中国矿业大学（徐州）	637	139.1	88378.91	338	36	740	5	3
河海大学	515	109.5	269193.96	295	13	263	0	6
江南大学	917	76.6	62597.26	305	22	535	2	0
南京农业大学	470	83	166352	196	34	662	2	6
中国药科大学	201	27	8160	63	20	152	3	0
浙江大学	1338	321	822058	2158	250	2072	67	58
合肥工业大学	318	13	8277	26	4	203	0	9
厦门大学	1466	308.4	433651	1335	263	2081	135	37
山东大学	1778	317.7	173438	959	184	1840	35	53
中国海洋大学	366	61.8	27708	257	60	525	12	8
中国石油大学（华东）	442	29	54663	72	19	377	2	2
武汉大学	1429	590.9	447308.25	1328	332	3120	74	40
华中科技大学	836	116.7	162364.88	465	83	757	18	4
中国地质大学（武汉）	535	54.5	64390.7	412	35	303	6	1
武汉理工大学	881	93	32941	207	61	867	55	0
华中农业大学	344	14.1	10362.5	238	7	295	1	0
华中师范大学	1176	327.9	336079	637	273	1279	46	24
中南财经政法大学	1150	113.6	124980.65	492	208	1481	5	14

续表

高校名称	社科活动人员	研发人员折合全时人员	研发经费当年内部支出	课题总数	著作	论文合计	国外论文	获奖成果
湖南大学	1364	328.5	232353.15	837	103	1199	5	21
中南大学	934	145.7	106976	337	115	1347	39	12
中山大学	1132	320.4	453823.92	1183	197	1773	94	22
华南理工大学	733	132	169553.1	883	62	642	16	3
四川大学	1599	312	631225.65	1098	150	1314	12	6
重庆大学	627	153	270296.73	463	31	834	20	20
西南交通大学	470	30.1	14408.3	86	34	472	5	0
电子科技大学	428	22.5	39189	72	33	422	21	4
西南大学	1420	467	281371.95	815	148	862	15	45
西南财经大学	994	166.9	162956.3	353	165	677	18	7
西安交通大学	963	69.6	89903.9	317	25	473	30	0
西安电子科技大学	291	4.5	2245	15	12	93	0	0
长安大学	572	11.3	11381	63	27	227	1	0
西北农林科技大学	426	16.6	12250.87	125	5	302	1	0
陕西师范大学	1024	97.4	105390.2	432	84	743	4	8
兰州大学	594	145.7	153262	496	51	553	0	6
中国矿业大学（北京）	103	7.7	21769.2	33	12	169	9	0
中国石油大学（北京）	209	22.8	61289.7	42	6	153	4	1
中国地质大学（北京）	192	18.5	15787.18	69	9	136	24	0

表 17　　　　2007 年教育部直属高校人文社科科研活动情况①

高校名称	社科活动人员	研发人员折合全时人员	研发经费当年内部支出	课题总数	著作	论文合计	国外论文	获奖成果
北京大学	1543	400	924293	1854	355	2286	169	0
中国人民大学	1618	344.1	1145542.38	1345	666	3323	111	23
清华大学	1190	345.5	1261300.51	1225	288	1899	119	0
北京交通大学	500	78.6	207911.41	582	127	325	7	0
北京科技大学	303	72	40092.7	91	43	369	6	0
北京化工大学	284	7.3	27026	40	24	119	2	0
北京邮电大学	234	24.6	29640.5	41	35	106	2	0
中国农业大学	411	92	229087.59	575	34	391	17	0
北京林业大学	374	49	39150.81	91	44	132	2	0
北京中医药大学	0	0	0	0	0	0	0	0
北京师范大学	949	203.2	358263.04	920	399	2743	76	2
北京外国语大学	819	52.5	15609	179	118	832	60	0
北京语言大学	694	84.1	214303.07	228	59	264	14	0
中国传媒大学	1185	100.5	60311.92	645	76	421	2	0
中央财经大学	724	137.5	114018.33	516	156	1162	17	1
对外经济贸易大学	765	179	187186	122	287	786	30	2
中央音乐学院	303	35	11435	107	26	61	1	0
中央美术学院	359	39	66598.31	90	104	178	1	0
中央戏剧学院	240	3.8	2263.5	16	4	13	0	0
中国政法大学	1019	205.6	320856.25	739	237	1024	32	4
华北电力大学	539	37.1	13766	130	5	342	2	0
南开大学	1171	627.5	391008	1838	285	1906	38	0
天津大学	353	29.7	15136	35	11	158	0	0
大连理工大学	299	39.8	13847.5	104	9	96	4	1
东北大学	630	39.4	42217	278	61	585	13	0

① 数据来源：2007 年全国高校社科统计资料汇编。计量单位和表 5—5 相同。

续表

高校名称	社科活动人员	研发人员折合全时人员	研发经费当年内部支出	课题总数	著作	论文合计	国外论文	获奖成果
吉林大学	1789	316.9	116183.96	1158	125	1708	33	1
东北师范大学	1332	188.2	147265.21	783	246	1526	31	1
东北林业大学	396	31.7	10287.72	157	18	103	0	0
复旦大学	1264	508.3	245314.24	2889	348	3292	195	11
同济大学	943	172.1	195670	389	84	548	24	6
上海交通大学	1105	188.6	143974.04	457	197	688	18	14
华东理工大学	461	32.5	69190.7	202	88	597	10	1
东华大学	412	45.5	53603.17	143	33	412	15	0
华东师范大学	1427	458.7	760802.27	1929	483	3923	65	10
上海外国语大学	878	218.4	126373	180	143	717	14	0
上海财经大学	731	170.6	214612.45	1281	188	920	108	2
南京大学	936	162.3	176838	798	194	1423	40	47
东南大学	546	63.1	128297	186	53	623	0	7
中国矿业大学（徐州）	609	157.2	114501.38	347	36	733	5	2
河海大学	528	87.7	269619.8	433	6	293	1	3
江南大学	910	73.1	79472.63	366	50	781	4	5
南京农业大学	486	88	180338	323	23	675	6	6
中国药科大学	189	12.4	8413.5	44	8	58	0	0
浙江大学	1277	293.5	1093130.49	2434	250	1707	101	5
合肥工业大学	324	16	8080	36	1	210	0	0
厦门大学	1449	425.7	370362	1442	260	2061	139	102
山东大学	1812	161.4	163401.75	1097	146	1674	18	31
中国海洋大学	378	50.5	28340	237	59	490	9	9
中国石油大学（华东）	452	32	57807	99	20	398	2	0
武汉大学	1410	561	592463.53	1533	401	3263	77	32
华中科技大学	858	123.8	154957.2	587	78	724	20	10

高校名称	社科活动人员	研发人员折合全时人员	研发经费当年内部支出	课题总数	著作	论文合计	国外论文	获奖成果
中国地质大学（武汉）	551	50	85205.4	526	30	310	13	5
武汉理工大学	876	97	56126	223	31	950	73	6
华中农业大学	358	34	22444	232	17	361	0	2
华中师范大学	1214	371	541887	610	221	1236	29	23
中南财经政法大学	1240	208.9	144359.39	787	219	1785	11	18
湖南大学	1400	450.2	262494.99	890	107	988	6	5
中南大学	931	145.5	143188	363	125	1450	32	0
中山大学	1161	360.9	479484.86	1012	187	1502	80	42
华南理工大学	747	147.8	206693.51	968	69	708	51	7
四川大学	1685	288.7	756784.45	1454	119	1234	22	50
重庆大学	706	195.9	346750.85	585	19	1076	22	5
西南交通大学	540	39.7	72772	140	38	494	1	13
电子科技大学	461	23.4	50274	141	24	623	22	4
西南大学	1459	443	351479.88	895	177	1109	18	0
西南财经大学	1040	176.5	183610	421	98	648	11	21
西安交通大学	982	81.3	145688	375	48	527	9	22
西安电子科技大学	299	7.1	4277	26	11	113	0	0
长安大学	544	13.6	35716	127	29	317	1	1
西北农林科技大学	458	21.4	12739	114	14	364	5	0
陕西师范大学	1065	123.3	104367.87	433	76	739	14	49
兰州大学	595	66.3	98596.7	677	81	735	4	27
中国矿业大学（北京）	102	12	20756.29	36	2	41	1	0
中国石油大学（北京）	209	33.4	47827.4	70	7	306	8	0
中国地质大学（北京）	204	22.1	27728	89	17	112	5	0

表 18　　　　　　　　　　2008 年教育部直属高校人文社科科研活动情况①

高校名称	社科活动人员	研发人员折合全时人员	研发经费当年内部支出	课题总数	著作	论文合计	国外论文	获奖成果
北京大学	1553	432	1225216	1825	465	2586	175	32
中国人民大学	1687	340.6	950810.63	1608	524	4681	44	32
清华大学	1191	341.8	1236843.36	1310	284	1834	191	12
北京交通大学	506	106.8	271660.22	430	56	226	6	2
北京科技大学	203	77.6	54649.54	96	40	140	11	0
北京化工大学	314	24.5	36522.19	81	44	192	5	0
北京邮电大学	272	30.7	31934.87	65	34	137	2	0
中国农业大学	426	104.2	206408.82	647	69	338	16	4
北京林业大学	382	50	39404.55	128	39	264	2	0
北京中医药大学	160	11	3810	29	0	17	2	0
北京师范大学	976	203.8	793501.32	1053	384	2862	119	26
北京外国语大学	818	44.3	28064	199	183	754	68	1
北京语言大学	721	102	230037.71	265	119	487	25	2
中国传媒大学	1230	174.2	90678.19	746	135	789	14	6
中央财经大学	771	97.4	252308.25	715	320	2000	59	8
对外经济贸易大学	779	42.3	161361	204	202	900	43	7
中央音乐学院	321	39	62580	111	29	53	3	0
中央美术学院	368	50	82806.76	109	102	207	1	0
中央戏剧学院	248	9.1	13045.76	33	5	95	0	0
中国政法大学	1050	178.2	375583.5	688	258	909	44	13
华北电力大学	553	19.6	9441	172	10	330	1	0
南开大学	1182	639	499886.21	2086	244	1936	58	73
天津大学	354	39.5	22891	51	21	228	0	0
大连理工大学	462	108.7	58774.1	476	23	297	29	12
东北大学	648	51.9	57188.17	332	26	406	10	0

①　数据来源：2008 年全国高校社科统计资料汇编。计量单位和表 5—5 相同。

高校名称	社科活动人员	研发人员折合全时人员	研发经费当年内部支出	课题总数	著作	论文合计	国外论文	获奖成果
吉林大学	1842	297.3	164464.67	1234	170	1999	36	104
东北师范大学	1353	315.4	372600.49	1028	213	1867	29	50
东北林业大学	359	55	12931.1	171	16	135	3	0
复旦大学	1289	560.3	780272.67	2558	377	3187	165	129
同济大学	834	207.7	183178	568	49	490	38	6
上海交通大学	1004	146.5	177901.15	562	178	688	52	21
华东理工大学	500	41	40789.25	290	71	567	17	6
东华大学	501	92.7	110157.1	144	53	364	15	0
华东师范大学	1443	496.9	1240389.08	2144	546	4626	77	40
上海外国语大学	861	156.9	117851	167	173	839	19	4
上海财经大学	754	175.8	237010.14	1319	192	1007	87	31
南京大学	952	208.3	444215	945	182	1547	20	0
东南大学	583	49.8	105009	220	42	624	0	0
中国矿业大学（徐州）	633	111.2	139825.22	308	95	734	5	0
河海大学	536	61.1	229517.5	425	16	317	15	0
江南大学	880	82.4	137370.01	463	66	847	4	0
南京农业大学	493	91	181517.93	434	24	676	6	1
中国药科大学	192	15.6	6733.5	70	11	107	3	0
浙江大学	1237	292.7	1218385.32	3068	293	1810	119	71
合肥工业大学	326	18	9024	44	1	221	0	0
厦门大学	1427	532	662049.6	1793	197	2200	224	9
山东大学	1844	154.8	205983.42	1287	174	1651	36	39
中国海洋大学	456	39.5	33108	306	28	222	1	4
中国石油大学（华东）	459	35	64789	132	28	434	0	1
武汉大学	1430	527.5	802469.64	1841	379	3549	141	7
华中科技大学	861	133.1	167104.24	608	80	746	23	3

高校名称	社科活动人员	研发人员折合全时人员	研发经费当年内部支出	课题总数	著作	论文合计	国外论文	获奖成果
中国地质大学（武汉）	540	48.2	98885.5	569	17	333	3	0
武汉理工大学	862	98.5	55188.9	200	32	545	122	0
华中农业大学	373	56.7	54614.59	320	17	405	1	0
华中师范大学	1249	253.1	747039	732	272	1280	25	0
中南财经政法大学	1219	122.3	142384.75	1012	201	1155	15	3
湖南大学	1399	442.4	300238.88	901	87	1094	21	19
中南大学	935	148.1	218787	478	135	1510	40	11
中山大学	1117	544.9	633638.85	1251	184	1652	43	3
华南理工大学	739	145.3	234194.6	1029	62	717	19	0
四川大学	1548	240.2	475248.83	1929	138	1134	14	2
重庆大学	708	154.7	350138.68	367	9	939	20	3
西南交通大学	567	56.9	89049	151	47	607	14	0
电子科技大学	451	24.5	66627.1	148	43	491	4	1
西南大学	1489	436.4	423053.29	1094	101	840	5	0
西南财经大学	1015	195.8	301560.5	562	121	649	34	3
西安交通大学	980	96.7	141942	474	83	387	7	0
西安电子科技大学	311	8.6	4413	28	8	164	5	0
长安大学	490	25.4	27269	177	28	303	5	1
西北农林科技大学	420	13.3	24296.88	92	1	369	1	0
陕西师范大学	940	116.7	148151.8	388	80	680	16	0
兰州大学	622	85.9	192628.24	682	84	857	1	0
中国矿业大学（北京）	120	13.7	29301.94	39	12	161	22	0
中国石油大学（北京）	215	38.1	44741.3	44	19	258	14	0
中国地质大学（北京）	182	27.9	34396.2	67	46	280	5	0

表 19　　　　　　2009 年教育部直属高校人文社科科研活动情况①

高校名称	社科活动人员	研发人员折合全时人员	研发经费当年内部支出	课题总数	著作	论文合计	国外论文	获奖成果
北京大学	1574	337	1515300	1283	450	2927	213	59
中国人民大学	1746	436.8	1173190.34	1703	418	3672	77	32
清华大学	1257	312.5	1492098.1	1372	268	1868	138	22
北京交通大学	575	74.9	306420.7	687	92	305	11	2
北京科技大学	458	51.8	78304.79	175	19	104	0	0
北京化工大学	306	20.2	19912.4	65	2	135	0	0
北京邮电大学	298	74.4	35939.49	189	20	235	5	0
中国农业大学	430	98.7	254021.03	589	84	498	42	1
北京林业大学	369	47	105166.72	227	50	178	2	0
北京中医药大学	162	6.6	2779	17	0	19	0	0
北京师范大学	1006	206.1	622548.37	1864	445	3005	39	23
北京外国语大学	813	55.7	267877	297	170	774	60	2
北京语言大学	717	137.8	244263.46	315	54	400	12	2
中国传媒大学	1202	166.7	129736.59	979	133	1026	12	1
中央财经大学	853	72	498178.68	862	270	1042	48	3
对外经济贸易大学	791	183.4	363624.8	280	184	876	52	10
中央音乐学院	310	21.8	82627.27	52	22	70	0	2
中央美术学院	381	35.1	211795.98	123	82	166	4	1
中央戏剧学院	257	20.3	9572	38	8	36	1	0
中国政法大学	1085	278.5	541103	931	310	1405	61	22
华北电力大学	526	62.5	62815.5	144	11	371	2	0
南开大学	1237	589.9	545186.47	2183	235	2169	44	29
天津大学	392	81.1	34526	110	30	395	8	0
大连理工大学	503	178.6	114307.58	527	39	490	43	2

① 数据来源：2009 年全国高校社科统计资料汇编。计量单位和表 5—5 相同。

续表

高校名称	社科活动人员	研发人员折合全时人员	研发经费当年内部支出	课题总数	著作	论文合计	国外论文	获奖成果
东北大学	733	66.5	76431.61	310	58	363	18	1
吉林大学	1770	306.2	284144.77	1241	132	2430	41	30
东北师范大学	1356	327.7	474847.3	966	204	1639	15	9
东北林业大学	396	46.5	13665.6	147	15	163	0	0
复旦大学	1282	606.4	878655.55	2366	355	3163	202	37
同济大学	838	183.4	195164	614	62	588	21	2
上海交通大学	968	190.3	397583.47	798	158	1075	59	7
华东理工大学	511	52.4	77908.01	344	62	568	19	0
东华大学	577	93.6	137806.35	182	46	449	25	0
华东师范大学	1426	465.4	1199502.81	2083	552	4635	89	19
上海外国语大学	891	134.3	69426	168	155	842	16	1
上海财经大学	812	177.6	250542.43	952	203	988	102	11
南京大学	994	245.3	418560	1010	217	1600	56	22
东南大学	638	54.9	131334	259	79	538	15	6
中国矿业大学（徐州）	608	37.9	118508.15	281	34	432	1	3
河海大学	552	71	306950.4	501	12	283	33	1
江南大学	839	115.9	139831.97	489	68	853	13	0
南京农业大学	502	92	210317.8	491	25	679	5	1
中国药科大学	195	18.8	10750	64	7	91	1	0
浙江大学	1213	287.4	2057941.13	3699	339	1986	148	75
合肥工业大学	382	34	34390	122	24	336	0	8
厦门大学	1422	403.6	836005.34	2310	215	1906	135	151
山东大学	1874	134.1	345447.85	1526	145	1351	34	40
中国海洋大学	458	10.4	9981	314	50	267	8	4
中国石油大学（华东）	465	37.5	89540.26	60	22	424	2	2
武汉大学	1460	475.6	1067365.65	2075	358	3217	146	82
华中科技大学	786	129.2	263468.73	601	102	725	26	20

高校名称	社科活动人员	研发人员折合全时人员	研发经费当年内部支出	课题总数	著作	论文合计	国外论文	获奖成果
中国地质大学（武汉）	528	64.7	95600	555	23	202	3	4
武汉理工大学	883	93.7	72862.79	296	42	491	21	6
华中农业大学	407	74.3	134954.52	404	18	338	0	5
华中师范大学	1061	344.6	734402	623	307	1527	49	47
中南财经政法大学	1259	176.8	150529.89	911	112	935	11	28
湖南大学	1364	434.1	268851.47	983	77	1094	19	6
中南大学	939	147.1	217016.8	473	148	1645	45	2
中山大学	1237	557.7	788391.12	1619	204	1655	38	58
华南理工大学	738	120	314675.04	1188	56	785	21	19
四川大学	1594	253.3	547508	1827	140	1310	16	55
重庆大学	722	199.9	332011.64	517	24	899	14	15
西南交通大学	588	78.5	142797	243	45	673	18	13
电子科技大学	458	23.2	84575	143	22	437	25	5
西南大学	1465	455.8	411356.29	1437	157	794	8	40
西南财经大学	1035	209.5	287806.51	612	74	627	30	35
西安交通大学	978	124.4	252143.54	610	80	664	9	25
西安电子科技大学	319	15.1	8142.7	49	10	154	0	0
长安大学	481	27.4	35449	224	20	284	6	7
西北农林科技大学	424	8.3	17490	66	6	236	0	4
陕西师范大学	959	162.2	186087.6	607	97	1225	14	51
兰州大学	736	131.8	133431.93	837	94	963	1	41
中国矿业大学（北京）	131	11.9	19483.4	50	14	91	28	0
中国石油大学（北京）	220	33.8	62363.8	66	25	177	9	0
中国地质大学（北京）	184	35.6	71934	100	17	119	4	0

表 20　　　　　　　2010 年教育部直属高校人文社科科研活动情况①

高校名称	社科活动人员	研发人员折合全时人员	研发经费当年内部支出	课题总数	著作	论文合计	国外论文	获奖成果
北京大学	1395	649	1835400	1061	306	2314	196	32
中国人民大学	1817	704.6	1308078	2970	322	3665	426	30
清华大学	1250	429.1	1576384	1393	261	1959	157	9
北京交通大学	649	255	494201.2	888	33	305	7	2
北京科技大学	452	79.3	152201.3	284	42	398	8	1
北京化工大学	334	41.7	33167.02	89	6	182	0	0
北京邮电大学	319	127	122706.7	298	45	224	41	2
中国农业大学	394	168.4	278492.3	607	58	492	26	2
北京林业大学	379	87.9	123385.7	264	40	531	15	1
北京中医药大学	159	7.4	3245	22	3	27	1	0
北京师范大学	1009	226	768605	1994	348	3090	58	31
北京外国语大学	835	67.8	211018	324	241	722	61	3
北京语言大学	732	191.5	257498.8	363	74	446	21	4
中国传媒大学	1231	327.3	158783.5	1142	165	1697	43	5
中央财经大学	895	113.9	285379	1152	229	1087	33	6
对外经济贸易大学	845	234	368811.71	404	178	1079	63	10
中央音乐学院	330	28.9	93987.73	68	16	99	3	1
中央美术学院	384	32.7	47044.32	138	93	185	7	0
中央戏剧学院	267	13.1	51516.63	29	3	51	0	3
中国政法大学	1031	345.8	363796.1	1128	204	1241	69	8
华北电力大学	527	54.7	38351.4	121	3	283	0	2
南开大学	1239	958.6	598279	2301	218	2035	46	69
天津大学	433	93.2	29908	129	47	388	15	14
大连理工大学	544	311.4	144379.8	674	60	420	32	8
东北大学	762	92.7	95541.19	361	58	435	10	7

① 数据来源：2010 年全国高校社科统计资料汇编。计量单位和表 5—5 相同。

高校名称	社科活动人员	研发人员折合全时人员	研发经费当年内部支出	课题总数	著作	论文合计	国外论文	获奖成果
吉林大学	1763	446.1	405260.7	1242	112	2124	26	77
东北师范大学	1362	413.8	627107.8	1114	168	1727	12	57
东北林业大学	522	56.9	20608.88	226	11	186	2	0
复旦大学	1322	706.8	1099374	2775	340	3101	157	104
同济大学	875	181.8	276938	731	67	506	20	7
上海交通大学	943	220	510103.1	1065	135	903	81	35
华东理工大学	536	69.9	93704.48	489	75	558	11	3
东华大学	562	168.1	151861.4	208	56	471	21	0
华东师范大学	1392	835.8	1090462	2008	558	4014	101	60
上海外国语大学	906	121.5	104362	173	172	817	33	7
上海财经大学	875	304.1	314734.7	1459	113	927	231	43
南京大学	957	306.9	775114.1	1210	214	3196	112	3
东南大学	672	140.2	161824	424	80	562	59	0
中国矿业大学（徐州）	638	149.7	128836.9	382	45	480	2	0
河海大学	552	83.8	369495.4	614	31	396	10	0
江南大学	836	179.6	251413.4	673	54	821	7	0
南京农业大学	513	274.1	246797.7	587	18	635	0	0
中国药科大学	206	21.8	17737	92	13	151	1	0
浙江大学	1252	296.7	1662838.38	4369	287	2029	146	3
合肥工业大学	437	63	98155	489	16	186	0	0
厦门大学	1389	261.6	807637.7	2359	254	1985	280	10
山东大学	1925	143.8	359470.7	1808	166	1296	25	30
中国海洋大学	466	5.2	5310	339	22	247	8	4
中国石油大学（华东）	483	44.3	95746.75	130	23	384	3	4
武汉大学	1436	686.1	1103729	2519	389	3108	88	14
华中科技大学	825	223.4	189367	652	73	536	15	0
中国地质大学（武汉）	551	108.4	125109.9	494	16	242	10	0

续表

高校名称	社科活动人员	研发人员折合全时人员	研发经费当年内部支出	课题总数	著作	论文合计	国外论文	获奖成果
武汉理工大学	902	97.2	86578.88	363	29	454	13	0
华中农业大学	405	113.6	123248.8	416	14	299	0	0
华中师范大学	1114	377.4	845796.5	962	307	1372	11	4
中南财经政法大学	1290	343.1	256851.3	1036	133	922	17	1
湖南大学	1344	401.2	361143.3	1300	80	965	11	21
中南大学	977	246.8	238349.5	467	139	1722	61	1
中山大学	1234	496.7	1728612	1507	182	1376	56	10
华南理工大学	739	150.2	415883.3	1777	53	940	26	0
四川大学	1696	502.6	844654	2205	204	1302	14	71
重庆大学	734	266.2	448901.1	689	59	969	20	11
西南交通大学	608	109.1	160979	282	45	690	19	15
电子科技大学	457	53.1	90035.02	178	24	448	20	11
西南大学	1409	590.2	564649.5	1720	122	1076	44	8
西南财经大学	1010	139.2	306115.5	631	79	568	49	24
西安交通大学	982	199.7	248719.6	721	91	576	8	0
西安电子科技大学	325	65.2	19821.3	85	15	108	0	0
长安大学	466	54.7	86204.76	363	30	342	7	0
西北农林科技大学	448	24.7	31349	103	1	246	12	0
陕西师范大学	919	203.2	520268.7	729	62	1318	28	0
兰州大学	694	219.7	270345.9	424	68	2017	15	0
中国矿业大学（北京）	140	30.9	26279.55	52	7	60	2	0
中国石油大学（北京）	220	45.4	74105.5	74	23	202	7	2
中国地质大学（北京）	187	98	91591.88	123	28	179	2	0

表 21 　　　　　　2011 年教育部直属高校人文社科科研活动情况①

高校名称	社科活动人员	研发人员折合全时人员	研发经费当年内部支出	课题总数	著作	论文合计	国外论文	获奖成果
北京大学	1418	581	2141776	1428	420	2690	210	4
中国人民大学	1815	639.8	1113299.11	3155	421	3658	427	5
清华大学	1284	478.8	2010784.98	1576	299	1981	192	4
北京交通大学	626	383.9	575266.22	1296	48	403	46	0
北京科技大学	443	85.2	210369.91	448	41	494	11	0
北京化工大学	341	56	27847.02	68	21	193	3	0
北京邮电大学	331	165.1	150717.87	391	27	365	99	0
中国农业大学	391	205	273377.74	686	35	852	45	0
北京林业大学	408	34.7	181825.89	224	35	232	5	0
北京中医药大学	157	13.1	7225	31	2	23	0	0
北京师范大学	1067	294	987397.4	2157	415	3072	70	29
北京外国语大学	819	77	178575.88	371	161	786	50	0
北京语言大学	777	166.6	266485.62	439	103	548	27	0
中国传媒大学	1238	307.8	387997.54	1403	164	1302	22	8
中央财经大学	927	171.8	650374.34	1469	229	1188	96	4
对外经济贸易大学	884	335.5	456489.97	598	142	1304	104	10
中央音乐学院	346	36.5	66367	95	23	73	3	0
中央美术学院	390	26.2	82310.89	145	93	146	6	0
中央戏剧学院	282	11	60846.48	28	1	76	0	0
中国政法大学	984	371.5	506446.01	1423	167	1226	83	2
华北电力大学	529	47	44774.3	126	10	142	2	0
南开大学	1250	934.1	862155.53	2415	175	2043	59	1
天津大学	452	104	39734	136	55	387	10	1
大连理工大学	562	238.4	168195.52	728	27	444	31	0
东北大学	811	146.7	117426.5	395	57	509	26	1

① 数据来源：2011 年全国高校社科统计资料汇编。计量单位和表 5—5 相同。

高校名称	社科活动人员	研发人员折合全时人员	研发经费当年内部支出	课题总数	著作	论文合计	国外论文	获奖成果
吉林大学	1791	480.4	562600.1	1915	143	2264	22	0
东北师范大学	1254	401.6	745115.28	1318	139	1282	25	8
东北林业大学	539	82.6	38083.7	265	27	267	0	0
复旦大学	1301	778.4	1180660.87	2972	304	2858	208	2
同济大学	886	236	286993	899	36	646	19	1
上海交通大学	798	144.3	687753.16	1249	118	1103	150	3
华东理工大学	553	76.9	127865.71	570	60	598	19	2
东华大学	561	183.1	146941.47	265	56	480	28	0
华东师范大学	1341	783.8	1152737.05	2562	459	3500	135	37
上海外国语大学	848	70.2	105716	182	122	693	15	0
上海财经大学	897	201	572231.23	936	134	931	219	3
南京大学	1008	250.3	848010.96	1267	208	3128	149	89
东南大学	692	308.7	193443.5	596	113	578	46	17
中国矿业大学（徐州）	531	103.8	145820.3	479	36	446	18	6
河海大学	336	152.9	383879.33	809	26	470	12	4
江南大学	847	208.1	254270.34	800	44	806	6	6
南京农业大学	526	207.7	381160.3	663	16	408	0	10
中国药科大学	198	26.1	15090	150	13	166	2	0
浙江大学	1197	293.8	2655281.37	4635	232	1880	211	9
合肥工业大学	453	60	78140	521	16	313	0	8
厦门大学	1349	365.3	820417.9	2736	205	2385	293	69
山东大学	2006	169.9	403600.22	2241	123	1258	41	24
中国海洋大学	477	5.6	1402	380	19	210	8	5
中国石油大学（华东）	497	46.1	109811.75	207	25	420	0	2
武汉大学	1487	693.8	1172574.43	2986	368	2910	123	49
华中科技大学	845	230.5	203535.54	752	42	903	135	29
中国地质大学（武汉）	564	97.9	161542.13	543	28	308	0	11

高校名称	社科活动人员	研发人员折合全时人员	研发经费当年内部支出	课题总数	著作	论文合计	国外论文	获奖成果
武汉理工大学	905	83.2	119491	514	31	448	8	7
华中农业大学	413	118.9	148799.46	410	11	372	6	3
华中师范大学	1245	341.6	900427.6	1227	184	1546	23	32
中南财经政法大学	1299	309.8	466391.25	1370	102	744	22	30
湖南大学	1320	461.8	621875.04	1528	69	905	6	1
中南大学	901	279.1	346149.7	583	82	666	27	2
中山大学	1166	651.8	2466750.13	1873	168	1522	106	49
华南理工大学	741	214.8	601601.18	2383	37	974	112	11
四川大学	1746	347.9	1410306.23	2238	213	1278	26	0
重庆大学	754	267.1	513835.86	676	65	834	22	24
西南交通大学	621	124.9	210372	383	32	759	22	0
电子科技大学	456	61.8	103980	192	20	442	48	0
西南大学	1427	701.4	657304.65	1743	133	1105	79	51
西南财经大学	1109	196.1	441767.94	711	64	561	55	0
西安交通大学	984	291.5	404363.08	1108	61	572	35	33
西安电子科技大学	411	108.4	48201	134	13	313	36	4
长安大学	509	39.1	121482	434	35	351	7	9
西北农林科技大学	470	29.5	26596	166	5	175	0	2
陕西师范大学	937	189.3	550157.28	827	55	1260	22	55
兰州大学	689	267.9	369802.77	653	66	2092	18	26
中国矿业大学（北京）	153	8.3	4927.1	46	0	86	0	0
中国石油大学（北京）	222	78.2	42888.3	64	16	176	19	0
中国地质大学（北京）	191	117.3	143550.21	173	23	146	6	0

表 22　　　　　　　　　2012 年教育部直属高校人文社科科研活动情况①

高校名称	社科活动人员	研发人员折合全时人员	研发经费当年内部支出	课题总数	著作	论文合计	国外论文	获奖成果
北京大学	1428	506.1	2110107.97	1324	385	2758	227	7
中国人民大学	1763	627.7	1293825.63	3305	432	3198	227	15
清华大学	1292	516.6	2097158.98	1760	223	2087	218	6
北京交通大学	803	217.4	607138.43	1552	41	361	9	0
北京科技大学	454	82.3	205417.06	505	39	434	48	2
北京化工大学	340	61.8	35104.15	59	14	77	4	0
北京邮电大学	343	147.7	156904.73	416	26	343	39	0
中国农业大学	391	209.6	413438.86	848	29	957	32	0
北京林业大学	410	48.8	150931.43	246	39	344	19	0
北京中医药大学	165	17.2	7105	36	2	16	0	0
北京师范大学	1098	566.3	1320749.23	2789	369	3095	57	9
北京外国语大学	822	88.8	239899	366	110	707	44	0
北京语言大学	780	189.1	292334.54	531	64	457	29	0
中国传媒大学	1263	163.1	297256.26	1669	125	1074	20	0
中央财经大学	990	206.2	566768.58	1641	160	1032	47	9
对外经济贸易大学	938	439.4	687625.67	673	145	1436	110	6
中央音乐学院	354	37	29758.57	103	36	122	0	0
中央美术学院	381	25	70466.82	144	83	152	7	0
中央戏剧学院	297	11	37083.75	29	2	85	0	0
中国政法大学	995	391.1	578234.72	1625	179	1203	77	7
华北电力大学	530	72.5	68425.08	186	6	122	3	7
南开大学	1280	911.6	993764.81	2347	182	2017	64	1
天津大学	460	151.1	83712	187	39	386	0	0
大连理工大学	592	105.7	226077.01	576	52	383	77	16
东北大学	687	192.6	517295.02	579	36	685	35	3

①　数据来源：2012 年全国高校社科统计资料汇编。计量单位和表 5—5 相同。

高校名称	社科活动人员	研发人员折合全时人员	研发经费当年内部支出	课题总数	著作	论文合计	国外论文	获奖成果
吉林大学	1833	492.1	891093.89	2317	152	2286	44	82
东北师范大学	1272	455.7	772096.02	1402	144	1320	30	58
东北林业大学	545	82	39065	152	7	212	6	0
复旦大学	1332	928.1	1222146.02	2835	269	2570	193	103
同济大学	818	210.3	328340	935	71	674	43	9
上海交通大学	812	205.5	744792.53	1390	145	749	81	33
华东理工大学	555	79.6	123180.82	462	64	577	32	6
东华大学	578	183.7	198947.09	274	69	397	41	3
华东师范大学	1328	745.4	1445191.3	2912	453	3432	151	48
上海外国语大学	723	164.3	158233.4	489	160	891	72	4
上海财经大学	900	252.1	561648.83	1045	140	892	222	28
南京大学	1004	336.2	1214149.09	1474	183	1743	170	73
东南大学	725	270.5	156611.35	547	94	442	0	14
中国矿业大学（徐州）	440	99.4	178236.3	365	27	324	13	3
河海大学	385	209.6	419562.01	819	49	442	22	15
江南大学	814	218.5	383463.37	894	48	909	7	11
南京农业大学	598	191.5	734232.28	748	17	499	9	16
中国药科大学	210	25.4	32846	133	5	223	1	0
浙江大学	1181	272.1	2828450.32	4280	167	1239	230	60
合肥工业大学	511	83	100888	642	22	378	19	0
厦门大学	1378	530.7	947243.86	2666	186	2016	261	4
山东大学	2003	172.7	524641.71	1089	222	1566	134	38
中国海洋大学	492	25.4	32921	275	31	377	1	7
中国石油大学（华东）	519	46.4	125808.8	286	35	497	28	3
武汉大学	1502	690	1276164.4	3098	328	2876	118	5
华中科技大学	842	213.3	263066.37	874	100	860	27	1
中国地质大学（武汉）	578	90.3	191602.5	706	27	224	18	0

续表

高校名称	社科活动人员	研发人员折合全时人员	研发经费当年内部支出	课题总数	著作	论文合计	国外论文	获奖成果
武汉理工大学	887	74.8	77037.22	533	34	439	12	0
华中农业大学	422	142.9	137219.32	454	14	230	7	0
华中师范大学	1147	403.2	1126665.4	1107	216	1188	69	0
中南财经政法大学	1298	366.1	443516.9	1548	114	738	10	3
湖南大学	1102	427.1	606464.76	1701	71	972	46	21
中南大学	1064	304.6	252857	885	65	582	0	4
中山大学	1046	545.5	2553105.99	2442	164	1527	118	5
华南理工大学	739	260.2	763038.8	2379	43	954	119	0
四川大学	1546	471.9	1051008	2598	150	1376	109	72
重庆大学	762	303.5	543268.46	698	50	833	37	5
西南交通大学	626	164.9	237781	507	46	669	41	11
电子科技大学	455	86.9	123149	151	22	427	43	11
西南大学	1456	747.5	679865.82	1895	177	1422	136	2
西南财经大学	1080	243.9	499094.88	972	48	633	68	26
西安交通大学	981	283.3	556148.08	1059	49	609	101	2
西安电子科技大学	413	133	72641.7	187	9	309	1	1
长安大学	531	53.6	135943.3	568	23	248	3	0
西北农林科技大学	468	45.8	62177.3	169	1	217	0	0
陕西师范大学	952	193.3	451722.02	1020	109	1292	25	0
兰州大学	733	254.8	347304.57	664	77	1823	37	3
中国矿业大学（北京）	182	20.2	16666.11	76	13	112	0	0
中国石油大学（北京）	228	66.7	70539.1	65	7	132	16	1
中国地质大学（北京）	191	76.5	187220.5	192	18	100	6	2

表 23　　　　　　　2013 年教育部直属高校人文社科科研活动情况①

高校名称	社科活动人员	研发人员折合全时人员	研发经费当年内部支出	课题总数	著作	论文合计	国外论文	获奖成果
北京大学	1438	536	2097511	1415	406	3110	188	88
中国人民大学	1767	547.8	997450	3817	414	3219	267	43
清华大学	1284	375.4	1723692.88	1751	259	2465	198	31
北京交通大学	826	296.9	692192	1521	42	268	6	7
北京科技大学	445	85.2	224139.〇	712	37	451	52	0
北京化工大学	345	65.1	47374.98	112	12	127	0	0
北京邮电大学	333	136.1	131938.06	393	44	336	29	0
中国农业大学	396	272.9	358197.83	853	80	778	31	2
北京林业大学	468	85.3	205521.25	336	23	211	19	1
北京中医药大学	170	28.6	22628.67	43	1	60	2	0
北京师范大学	1112	502.5	1366868.08	2390	352	2950	190	53
北京外国语大学	772	95.2	245504.8	374	105	854	66	3
北京语言大学	789	205	259607.23	630	74	436	27	5
中国传媒大学	1311	151.8	345508.5	1151	130	1147	24	6
中央财经大学	1024	216.6	669694.82	1402	145	928	85	11
对外经济贸易大学	964	384	557629.38	876	140	1331	98	35
中央音乐学院	385	26	36330.43	89	38	98	1	1
中央美术学院	385	27.5	111820.16	121	81	159	1	0
中央戏剧学院	305	11.1	59920.36	43	11	85	2	0
中国政法大学	963	430.4	748377.74	1846	162	1124	108	17
华北电力大学	384	51.8	34924.22	104	31	189	23	0
南开大学	1308	909.8	884303.67	2338	220	1960	80	79
天津大学	474	295.7	172416	252	19	399	69	23
大连理工大学	638	65.5	153143	501	47	346	34	5
东北大学	709	203.1	584576	703	59	663	28	1

① 数据来源：2013 年全国高校社科统计资料汇编。计量单位和表 5—5 相同。

续表

高校名称	社科活动人员	研发人员折合全时人员	研发经费当年内部支出	课题总数	著作	论文合计	国外论文	获奖成果
吉林大学	1868	522.5	1018467.92	3061	136	2138	18	11
东北师范大学	1265	470.3	633224.92	1313	145	1110	26	7
东北林业大学	537	69.9	48074	154	8	345	0	0
复旦大学	1348	929.9	1469484.39	2376	265	2490	252	29
同济大学	898	200.4	332443	673	56	736	31	4
上海交通大学	913	184.4	986226.1	1525	118	687	73	11
华东理工大学	579	133.1	151862.13	588	50	574	9	2
东华大学	603	187	207842.01	291	44	367	51	0
华东师范大学	1313	753.6	1227482.11	3078	426	3303	160	23
上海外国语大学	675	135.3	240084.81	528	98	791	58	3
上海财经大学	921	231.6	630785.39	1286	103	863	166	14
南京大学	1015	233.6	1085971	1441	214	1936	161	31
东南大学	752	279.3	283096.41	598	104	459	31	6
中国矿业大学（徐州）	442	184.2	199550.29	652	29	313	22	0
河海大学	452	202.8	669797.85	690	69	663	59	3
江南大学	793	269.9	324395.02	988	67	934	7	2
南京农业大学	604	127.7	492000.89	847	20	566	17	1
中国药科大学	265	28.4	41826.19	136	15	229	0	0
浙江大学	1172	283	2612734.56	3810	188	1270	197	33
合肥工业大学	529	88	132586	647	21	282	0	0
厦门大学	1408	660.8	1355591.73	2858	167	1815	204	93
山东大学	1927	219.4	492228	1177	223	1544	119	54
中国海洋大学	478	23	46813.5	290	40	318	8	6
中国石油大学（华东）	525	46.1	124548.54	380	19	434	26	1
武汉大学	1446	778.4	1609819.16	3217	295	2731	122	87
华中科技大学	825	211.3	179374.58	1098	95	754	34	31
中国地质大学（武汉）	604	128.6	170086.38	837	21	242	19	6

高校名称	社科活动人员	研发人员折合全时人员	研发经费当年内部支出	课题总数	著作	论文合计	国外论文	获奖成果
武汉理工大学	891	79	111760	564	32	453	21	10
华中农业大学	429	99.8	223160	583	16	245	13	8
华中师范大学	1229	408.3	1044725.7	844	155	1157	52	42
中南财经政法大学	1322	361.8	521036.06	1469	96	762	18	36
湖南大学	1113	374.9	663681.55	1602	82	957	58	9
中南大学	1091	418.7	444048	1053	62	526	0	6
中山大学	1160	535.9	1842658.9	2761	139	1631	194	76
华南理工大学	749	270.3	570637.93	2602	43	996	102	21
四川大学	1381	542.3	1354933.92	3177	190	1495	99	16
重庆大学	771	322.5	573240.9	931	71	747	69	2
西南交通大学	635	168	251880	458	44	709	45	0
电子科技大学	481	91.2	124428.67	186	19	338	50	0
西南大学	1258	706.9	802033.74	2113	204	1483	239	11
西南财经大学	1040	386	537386.85	1130	58	723	61	5
西安交通大学	985	195.3	561266.48	1115	87	894	94	10
西安电子科技大学	424	120.3	74196.5	201	12	209	18	2
长安大学	534	74.4	175552.6	480	13	331	3	6
西北农林科技大学	464	73.2	64285.5	209	14	162	7	7
陕西师范大学	1080	234.8	603968.5	907	111	1129	47	52
兰州大学	743	245.3	336008.77	683	108	2182	119	41
中国矿业大学（北京）	214	21.1	30678	101	14	85	0	0
中国石油大学（北京）	228	47.8	173093.9	128	33	154	20	4
中国地质大学（北京）	194	82.6	182619.75	187	11	90	0	0

参考文献

[1] 戚湧、李千目：《科学研究绩效评价的理论与方法》，科学出版社 2009 年版。

[2] [澳] 蒂莫西·J. 科埃利、D. S. 普拉萨德·拉奥、克里斯托弗·J. 奥唐奈等：《效率与生产率分析引论》，王忠玉译，中国人民大学出版社 2008 年版。

[3] 魏权龄：《评价相对有效性的数据包络分析模型：DEA 和网络 DEA》，中国人民大学出版社 2012 年版。

[4] 成刚：《数据包络分析方法与 MaxDEA 软件》，知识产权出版社 2014 年版。

[5] 雷彦斌：《中国科技院所的效率研究》，北京理工大学出版社 2013 年版。

[6] 姜彤彤：《高等学校科研绩效评价研究》，中国社会科学出版社 2014 年版。

[7] 王孙禺：《高等教育组织与管理》，高等教育出版社 2008 年版。

[8] 杜栋、庞庆华、吴炎：《现代综合评价方法与案例精选》，清华大学出版社 2008 年版。

[9] 陈正伟：《综合评价技术及应用》，西南财经大学出版社 2013 年版。

[10] 教育部社会科学司：《2001 年全国高校社科统计资料汇编》，高等教育出版社 2002 年版。

[11] 教育部社会科学司：《2002 年全国高校社科统计资料汇编》，高等教育出版社 2003 年版。

[12] 教育部社会科学司：《2003 年全国高校社科统计资料汇编》，高等教

育出版社 2004 年版。

［13］教育部社会科学司：《2004 年全国高校社科统计资料汇编》，高等教育出版社 2006 年版。

［14］教育部社会科学司：《2005 年全国高校社科统计资料汇编》，高等教育出版社 2006 年版。

［15］教育部社会科学司：《2006 年全国高校社科统计资料汇编》，高等教育出版社 2007 年版。

［16］教育部社会科学司：《2007 年全国高校社科统计资料汇编》，高等教育出版社 2008 年版。

［17］教育部社会科学司：《2008 年全国高校社科统计资料汇编》，高等教育出版社 2009 年版。

［18］教育部社会科学司：《2009 年全国高校社科统计资料汇编》，高等教育出版社 2010 年版。

［19］教育部社会科学司：《2010 年全国高校社科统计资料汇编》，高等教育出版社 2012 年版。

［20］教育部社会科学司：《2011 年全国高校社科统计资料汇编》，高等教育出版社 2012 年版。

［21］教育部社会科学司：《2012 年全国高校社科统计资料汇编》，高等教育出版社 2013 年版。

［22］教育部社会科学司：《2013 年全国高校社科统计资料汇编》，高等教育出版社 2014 年版。